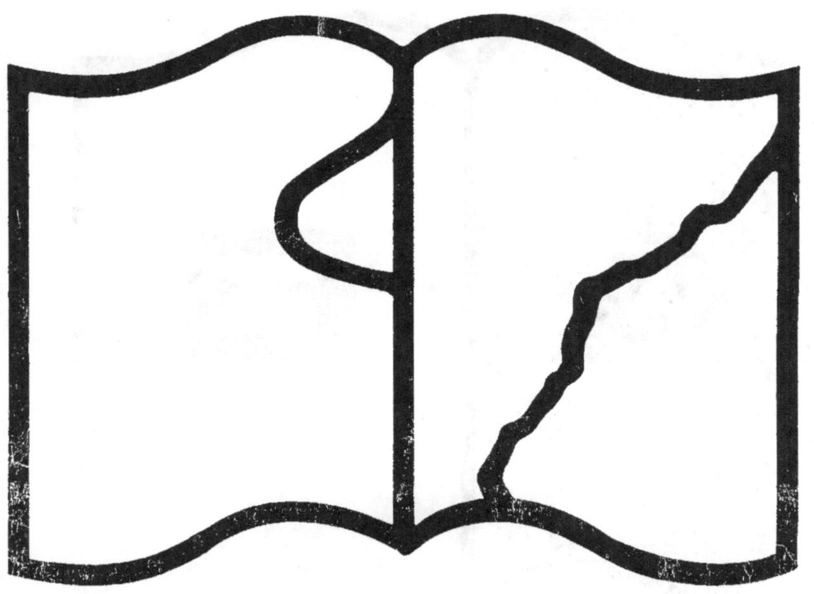

Texte détérioré — reliure défectueuse

NF Z 43-120-11

Contraste insuffisant

NF Z 43-120-14

REVUE
ARCHÉOLOGIQUE

PUBLIÉE SOUS LA DIRECTION

DE MM.

G. PERROT ET S. REINACH

MEMBRES DE L'INSTITUT

MAURICE BESNIER

—

LA COLLECTION CAMPANA

ET LES

MUSÉES DE PROVINCE

PARIS

ERNEST LEROUX, ÉDITEUR

28, RUE BONAPARTE (VIᵉ)

—

1906

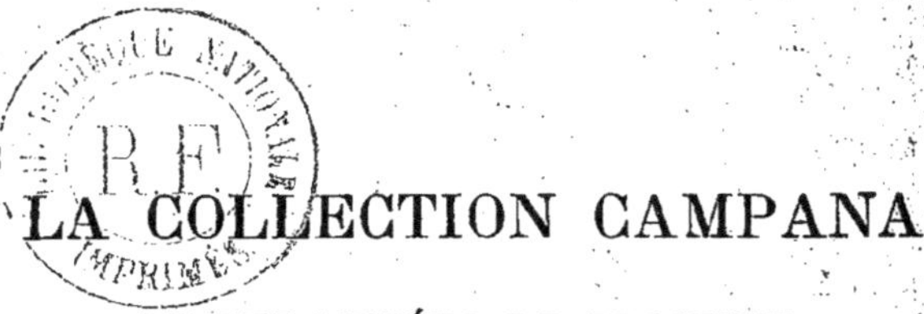

LA COLLECTION CAMPANA

ET LES MUSÉES DE PROVINCE

[1906, I, p. 30-51.]

LA COLLECTION CAMPANA
ET LES MUSÉES DE PROVINCE

I. — *Musées décrits dans l'Inventaire général.*
II. — *Musées de Normandie.*

Les articles récents de M. Salomon Reinach ont appris aux lecteurs de la *Revue archéologique* comment s'est faite la dispersion de l'ancien musée Campana, devenu, après son acquisition par le gouvernement impérial et son transfert à Paris, le musée Napoléon III[1]. Le catalogue des peintures, rédigé par Sébastien Cornu, comptait 646 numéros[2]; 303 tableaux entrèrent au Louvre : ils sont décrits dans la notice de Reiset[3]; 318 furent répartis en 1863 entre 67 musées départementaux : Clément de Ris nous a conservé la liste de ces musées avec le nombre des œuvres que chacun d'eux a reçues[4]. Parmi les tableaux mêmes que le Louvre avait d'abord recueillis, 141 en 1872-1873[5] et

.1. Salomon Reinach, *Esquisse d'une histoire de la collection Campana*, 4e *article*, dans la *Revue archéologique* de mars-avril 1905, p. 234-240.

2. *Catalogue des tableaux, des sculptures de la Renaissance et des majoliques du Musée Napoléon III* (sans nom d'auteur), Paris, Didot, 1862.

3. F. Reiset, *Notice des tableaux du Musée Napoléon III exposés dans les salles de la Colonnade au Louvre*, Paris, de Mourgues, 1868. Cette notice ne comprend que 252 numéros « à cause de la réunion sous un même numéro de plusieurs morceaux de la même main », comme le dit Reiset dans sa préface, p. 9. Peut-être faut-il expliquer aussi de cette façon l'écart entre le chiffre de 646 donné par Cornu et celui de 621 qu'on obtient en ajoutant les 318 tableaux de Clément de Ris aux 303 de Cornu.

4. Clément de Ris, *Les Musées de province*, 2e édition, Paris, Renouard, 1872, p. 8. Cette liste est reproduite dans la *Revue archéologique, loc. cit.*, p. 237. Mais la copie de M. S. Reinach est incomplète et ne cite que 65 villes et 309 tableaux; il faut rétablir au début, avant Alençon, 3 : Aix, 5 tableaux; Ajaccio, 4.

5. S. Reinach, *loc. cit.*, p. 237.

d'autres encore en 1874-1876 — une soixantaine au moins, croyons-nous[1] — furent expédiés pareillement en province. Les antiques (marbres, vases, terres cuites) ont été l'objet de trois distributions : en 1863, en 1875, de 1893 à 1895. M. Pottier a gardé la liste des Universités et des villes auxquelles des envois ont été faits par ses soins en 1893-1895 ; on n'est renseigné ni sur le nombre ni sur l'importance des envois de 1875 et de 1863 ; toutefois M. Frœhner se souvient d'avoir rédigé des notices descriptives pour les objets adressés en 1863 à 49 musées[2].

Il serait intéressant de savoir où sont allés et ce que sont devenus les peintures et les lots d'antiques éparpillés ainsi à travers la France ; on aimerait surtout, pour chacun des tableaux qu'énumère le catalogue de Cornu, à connaître le nom du musée qui le détient maintenant. M. S. Reinach a pu se convaincre que les archives du Louvre et de la Direction des Beaux-Arts ne renferment pas les éléments d'une réponse satisfaisante à ces questions. Il n'est qu'un seul moyen de résoudre définitivement le problème : c'est d'explorer à cet effet les musées de province. L'entreprise est malaisée, car il s'en faut, on le sait, que tous les musées aient des catalogues imprimés et facilement accessibles.

Le hasard quelquefois conduit à des constatations imprévues. La Bibliothèque universitaire de Caen possède par aventure le catalogue du musée de Carpentras ; une peinture à l'huile et sur bois, haute de 1^m,10 sur 1^m,70 de large, de l'école de Crivelli, donnée par l'État en 1876, est intitulée : *La Vierge, l'Enfant Jésus et un cardinal (saint Jérôme?)*[3] ; c'est un tableau Campana, le n° 115 de Reiset[4], n° 289 de Cornu[5]. M. Gonse a noté l'existence à Aix

1. Il semble bien, d'après les indications sommaires de G. Lafenestre et E. Richtenberger (*La peinture en Europe : le Louvre*, Paris, 1895), que le Louvre ne possède plus qu'une centaine environ de tableaux Campana.
2. La liste de ces musées est reproduite par M. S. Reinach, *loc. cit.*, p. 238.
3. J. L**, *Catalogue du Musée de la ville de Carpentras*, Carpentras, 1900, p. 46.
4. Ecole de Crivelli, *La Vierge et l'Enfant* ; bois ; h. 1^m,12 ; l. 1^m,69 : « à gauche saint Jérôme, à droite saint François, tous deux debout ; ce tableau porte la date de 1488 ».
5. Giovanni Mansueti, *La Vierge avec l'Enfant* ; panneau ; h. 1^m,15 ; l. 1^m,70 ; « la Madone, ayant à ses côtés saint Jérome et saint François, etc. »

d'une *Madone à l'Enfant*, avec un paysage dans le goût de Cima de Conegliano[1] ; ne serait-ce pas le n° 287 de Cornu[2] ? L'*Histoire de Thésée et d'Ariane*, n°s 151 et 152 de Reiset, 249 et 251 de Cornu, se trouve aujourd'hui à Marseille[3].

Mais de pareilles observations de détail ne sauraient suffire ; il faudrait procéder à une enquête générale et méthodique, et pour qu'elle pût donner promptement des résultats satisfaisants on devrait faire appel au concours de plusieurs collaborateurs ; chacun d'eux, dans une circonscription donnée, rassemblerait les catalogues des musées, consulterait les conservateurs et les archivistes, provoquerait des recherches, établirait la concordance des peintures de nos musées départementaux avec les numéros des catalogues de Cornu et de Reiset.

Nous nous sommes chargé, pour notre part, de faire le relevé des œuvres diverses de la collection Campana qui se trouvent actuellement en Normandie. D'autres pourront continuer dans la même voie, s'ils le veulent, et dresser le bilan des régions de France qu'ils habitent ou qu'ils connaissent[4]. Les catalogues de deux musées de Normandie ont été publiés dans l'*Inventaire général des richesses d'art*; cette circonstance nous a conduit à dépouiller tous les volumes parus de la même collection et à faire précéder notre étude sur les musées normands d'une étude sur les musées de toutes régions dont les catalogues sont dès à présent à la disposition du public dans l'*Inventaire général*. Au

1. L. Gonse, *Les chefs-d'œuvre des Musées de France : la peinture*, Paris, 1900, p. 31-32.
2. Cima de Conegliano, *La Madone avec l'Enfant*; panneau; h. 0m,37; l. 0m,30; « les figures se détachent sur une draperie verte qui laisse voir le pays et le château de Conegliano ».
3. S. Reinach, *loc. cit.*, p. 236. Il faut observer que deux autres morceaux appartenant au même ensemble, n°s 150 et 153 de Reiset, 250 et 248 de Cornu, sont à Besançon : bel exemple de l'ordre qui a présidé à la répartition de 1872.
4. Depuis la rédaction de notre travail nous avons appris que M. Paul Perdrizet, professeur à l'Université de Nancy, et M. René Jean, bibliothécaire de l'Union centrale des Arts décoratifs, ont formé, de leur côté, le projet de retrouver les peintures Campana dispersées et d'en rééditer le catalogue, avec les corrections nécessaires et l'indication des endroits où elles sont aujourd'hu conservées. MM. Perdrizet et Jean s'occupent exclusivement des tableaux.

total, dans 23 villes (24 musées), nous avons rencontré 120 tableaux Campana et 16 lots d'antiques (sans parler de 2 sculptures modernes, l'une à Béziers, l'autre à Rouen, et de 14 majoliques à Rouen). Pour les peintures, nous nous sommes efforcé d'indiquer aussi exactement que possible les numéros qu'elles portaient dans le catalogue de Cornu et aussi, en ce qui concerne les envois de 1872-1873 et de 1875-1876, dans la notice de Reiset. Ces identifications n'étaient pas toujours faciles et quelques-unes d'entre elles demeurent malgré tout incertaines : les dimensions données par Cornu sont très souvent erronées; parfois même il y a désaccord entre Reiset et les catalogues particuliers des musées de province. Nous n'avons pas voulu entrer dans la question délicate et controversée des attributions[1]; il nous suffisait de transcrire les noms d'auteurs ou d'écoles que proposent les divers documents utilisés.

Quant aux antiques, 1 seul marbre, sur 22, se retrouve à la fois dans le catalogue italien de la collection Campana[2], 7e série (sculpture antique) et dans le livre de d'Escamps[3]; 8 ou 10 sont mentionnés, semble-t-il, par le catalogue italien seul[4]; les descriptions des autres séries de la collection dans ce recueil (1re série, vases; 4e série, terres cuites) sont conçues en termes trop vagues et les répétitions des mêmes pièces y sont trop fréquentes pour qu'on se risque à proposer aucune identification.

1. M. Perdrizet la traitera d'ensemble, en tenant compte de l'état actuel des connaissances sur la peinture italienne du moyen-âge et de la Renaissance.

2. *Cataloghi del Museo Campana*, sans nom d'auteur, lieu ni date; douze séries paginées séparément.

3. H. d'Escamps, *Galerie des marbres antiques du musée Campana à Rome*, Paris, 1862.

4. Sans parler des bustes de femmes ou d'hommes, que les *Cataloghi*, série VII, p. 6, annoncent en bloc : n°s 232-311, « ottanta busti muliebri e virili ».

I

MUSÉES DÉCRITS DANS L'INVENTAIRE GÉNÉRAL

L'Inventaire général des richesses d'art de la France, publié sous les auspices du Ministère de l'Instruction Publique et des Beaux-Arts, doit donner, dans la série *Province, Monuments civils,* le catalogue descriptif des musées provinciaux. Cinq tomes seulement de cette série ont paru (I, II, III, V, VI). On y trouve les catalogues des musées d'Orléans et de Montpellier (tome I), de Nantes et de Dieppe (tome II), d'Angers (tome III), de Besançon et de Tours (tome V), de Grenoble, de Lisieux et de Béziers (tome VI). Les tables générales des volumes ou les tables particulières des musées (sauf au tome II pour le musée de Dieppe) contiennent une rubrique *Campana* ou *Musée Campana* qui permet de faire le relevé des peintures, sculptures et poteries provenant de cette ancienne collection et distribués par l'État dans les départements. Malheureusement les indications des tables et celles des catalogues eux-mêmes sont incomplètes. En principe, les tableaux Campana expédiés de Paris en 1863 sont mentionnés comme tels dans l'*Inventaire général,* avec la date de leur réception et référence aux numéros correspondants du catalogue de Cornu (sauf, sur ce dernier point, aux musées de Besançon et de Grenoble); mais à Angers, Béziers, Montpellier et Orléans le nombre des envois énumérés ne concorde pas avec le chiffre que nous a transmis Clément de Ris. Quant aux tableaux Campana expédiés de Paris en 1872-1873 et en 1876, l'*Inventaire* en signale trois à Grenoble sans référence, trois à Besançon (sur quatre) avec référence à la notice de Reiset, deux à Béziers, un à Dieppe, un à Lisieux, un à Montpellier (sur deux), tous avec référence au catalogue de Cornu; il n'en signale pas à Angers, à Nantes, à Orléans ni à Tours; nous avons dû rechercher, pièce par pièce, si les divers tableaux envoyés par l'État en 1872-1873 et en 1876 à chaque musée ne figurent pas dans la notice de Reiset. Les lacunes paraissent plus graves encore pour la sculpture moderne (une seule mention, à Béziers), pour la sculpture antique (quatre lots mentionnés à Besançon, Grenoble, Montpellier, Tours) et surtout pour la céramique (trois mentions seulement, à Besançon, Grenoble et Montpellier, dont deux évidemment insuffisantes). C'est aux conservateurs des musées, seuls en état de faire sur place des investigations nouvelles, qu'il appartiendrait de combler les lacunes certaines de l'*Inventaire général*.

Dans les extraits qui suivent nous avons rangé les musées par ordre alphabétique de noms de villes.

1° MUSÉE D'ANGERS (*Inventaire général, Province, Monuments civils*, tome III; catalogue rédigé par H. Jouin et daté du 23 mai 1885).

PEINTURES. — Envoi de 1863 : six tableaux, d'après Clément de Ris ; le catalogue de l'*Inventaire général* n'en indique que cinq :

P. 53. École de Barbieri. *Sainte Catherine de Bologne*. Toile. H. 0,72; l. 0,60. — Cornu : n° 574; Guercino (école du) ; les attributions, titre, dimensions et descriptions concordent.

P. 54. Nicolo Frangipani (école vénitienne). *Quatre têtes riant à la vue d'un chat*. Bois. H. 0,63; l. 0,94. — Cornu : n° 509; Nicolo Frangipane : *Quatre têtes, deux de femme et deux d'homme, riant à la vue d'un chat* ; mêmes dimensions.

P. 55. Pisano (Giunta, dit Giunta de Pise, école florentine). *La Vierge, assise sur un trône, tient debout sur ses genoux l'Enfant Jésus*. Bois. H. 1,94; l. 1,20. On lit à la partie supérieure l'inscription suivante :

+ *I nomine dni an MCCCX de mse februarii P Aia Filippii pacis dne Iachobe uxoris sue Aie quor miar dei requiescant i pace.*

Cornu : n° 26; Giunta Pisano, mort vers 1236 ; mêmes titres et dimensions «l'inscription porte la date de 1310 et fait connaître les noms de Philippe et de Jacqueline Pace, donateurs du tableau, que l'on voit agenouillés au pied du trône ». — L'attribution d'un tableau daté de 1310 à un artiste mort vers 1236 est au moins téméraire !

P. 55. Andrea Sacchi (école romaine). *Portrait de Sacchi, peint par lui-même*. Toile. H. 0,54 ; l. 0,41. — Cornu : n° 590, Andrea Sacchi; mêmes titres et dimensions.

P. 59. École florentine du xɪvᵉ siècle. *Mater dolorosa.* Bois. H. 0,48 ; l. 0,30.
— Cornu : nᵒ 98 ; Giottesque siennois ou florentin ; *La Vierge accablée de douleur soutient, au pied de la croix, le corps de son divin fils* ; mêmes dimensions.

Parmi les envois de l'État du 27 septembre 1872, je retrouve deux tableaux Campana :

P. 53. École de Lorenzo di Credi. *Sainte Famille.* Toile. Tableau rond ; diamètre : 0,85. — Reiset : nᵒ 220 ; mêmes attributions, titre et dimensions. — Cornu : nᵒ 243 ; Lorenzo di Credi ; *La Vierge avec l'Enfant, saint Jean et une sainte* ; panneau rond ; diamètre : 0,86.

P. 59. École italienne du xvɪᵉ siècle. *Portrait de Francesco Raibolini, dit il Francia* (école bolonaise). Toile. H. 0,64 ; l. 0,45. Dans l'angle supérieur à droite on lit :

F. Francia aurifex Bononiae.

Reiset : nᵉ 215 ; écoles d'Italie, commencement du xvɪᵉ siècle ; *Portrait d'homme, vu de face, à mi-corps, habillé de noir et coiffé d'une toque de même couleur* ; bois ; h. 0,65 ; l. 0,48. — Cornu : nᵒ 546 ; *Portrait de Francia peint par lui-même* ; panneau ; h. 0,64 ; l. 0,49 ; « on suppose que ce portrait est celui que le Francia envoya à Raphaël, et dont celui-ci le remercie dans sa lettre de septembre 1508, en lui disant, entre autres choses, qu'il est si beau et si vivant qu'il croit le voir et lui parler ».

Aucun envoi de 1876 ne paraît provenir de la collection Campana.

Le catalogue de l'*Inventaire général* ne signale pas de sculptures ni de poteries ayant cette origine ; M. Frœhner avait rédigé cependant une notice sommaire sur un lot d'antiques expédié au Musée d'Angers en 1863.

2ᵒ Musée de Besançon (*Inventaire général, Province, Monuments civils,* tome V ; catalogue rédigé par A. Castan et daté du 21 juin 1888).

Peintures. — Envoi de 1863 : six tableaux, d'après Clément de Ris ; le catalogue de l'*Inventaire général* les indique, mais il attribue leur réception à l'année 1864 ; il ne donne pas les références au catalogue de Cornu :

P. 138. École byzantine du xvᵉ siècle. *La Vierge tenant l'Enfant.* Bois. H. 0,54 ; l. 0,38. — Cornu : nᵒ 17 ; Byzantin inconnu ; *La Vierge tenant dans ses bras l'Enfant Jésus* ; mêmes dimensions.

P. 141. Lavinia Fontana (école bolonaise). *Son portrait.* Cuivre. H. 0,27 ; l. 0,21. — Cornu : nᵒ 560 ; *Portrait de Lavinia Fontana peint par elle-même* ; mêmes dimensions.

P. 146. Salvator Rosa. *Martyre de saint Janvier et de ses compagnons.* Toile. H. 1,31 ; l. 2,03. — Cornu : nᵒ 543 ; mêmes attribution et dimensions.

Ibid. Andrea del Sarto. *La Madonna del Sacco* (copie réduite). Toile.

H. 0,53; l. 0,69. — Cornu : n° 468; école de Andrea del Sarto ; *La Vierge au sac, étude d'après la fresque de l'Annunziata*; mêmes dimensions.

Ibid. Elisabeth Sirani (école bolonaise). *La Madeleine au désert.* Toile. H. 1,12 ; l. 0,93. — Cornu : n° 569 ; même attribution ; *La Madeleine*; mêmes dimensions.

P. 153. Ribera. *Portrait d'homme.* Toile. H. 0,55; 0,46. — Cornu : n° 581 ; école du Dominiquin ; *Portrait d'homme*; mêmes dimensions; « probablement celui du Dominiquin, attribué à l'un de ses élèves ».

Envoi de 1872 :

P. 142. Giorgio Barbarelli, dit Giorgione. *Portrait d'un patricien de Venise.* Bois. H. 0,50; l. 0,42. — Reiset : n° 210; école vénitienne, commencement du xvi° siècle ; *Portrait d'homme âgé, vu en buste et de trois quarts, tourné vers la gauche; robe et bonnet noirs* ; bois ; h. 0,48; l. 0,42. — Cornu : n° 499; Giambellino (Giovanni Bellini dit), *Portrait de Jean Bellin, peint par lui-même* ; panneau ; h. 0,48 ; l. 0,48 ; « derrière le panneau on lit : *Zorsoni Titiani praeceptoris opus* » (indication confirmée par l'*Inventaire général*).

P. 149. École lombarde de la fin du xv° siècle. *Amours de Pasiphaé.* Bois. H. 0,68 ; l. 1,80. — Reiset : n° 150; école d'Italie, xv° siècle; *Devant le palais de Minos Pasiphaé debout regarde un taureau blanc, etc.* ; bois; h. 0,68 ; l. 1,81. — Cornu : n° 250; école de Luca Signorelli ; *Épisodes des histoires de Thésée et d'Ariane*; panneau; h. 0,68; l. 1,81.

P. 150. École lombarde de la fin du xv° siècle. *Prise d'Athènes par Minos.* Bois. H. 0,68; l. 1,80. — Reiset : n° 153; école d'Italie, xv° siècle; *Troupe de guerriers à cheval emmenant des prisonniers; on voit dans le fond une ville prise d'assaut* ; bois, même dimensions. — Cornu : n° 248; école de Luca Signorelli; *Un triomphe militaire après la bataille et la prise d'une ville* ; panneau; h. 0,68; l. 1,81.

Envoi de 1876 :

P. 150. École de Sienne, fin du xv° siècle. *Saint Augustin donnant une règle à ses disciples.* Bois (partie centrale d'un triptyque). H. 2,12; l. 0,96. — Reiset : n° 136; écoles d'Italie, xv° siècle; *Saint Augustin*; bois; mêmes dimensions — Cornu n° 336; ancien artiste de l'école ombrienne; *Saint Augustin* ; panneau; h. 2,02 ; l. 0,95.

Le Musée de Besançon est très riche en peintures italiennes. La veuve du peintre Sébastien Cornu, l'un des administrateurs du Musée Campana et l'auteur du *Catalogue des tableaux* de 1862, lui a légué en 1875 la collection que son mari avait formée.

SculPTURES. — Quatre statues ou bustes antiques provenant de la collection Campana sont mentionnés aux pages 216-217 :

Diane, statue romaine en marbre blanc; h. 1,62. Envoi de 1864. — Signalée

peut-être dans les *Cataloghi del Museo Campana*, *serie VII*, p. 2, n⁰ 31 :
« Diana, statua in piedi, inferiore al vero ».

Tête de Vénus en marbre; sculpture romaine; h. 0,55. Envoi de 1875.

Satyre, tête romaine en marbre; h. 0,75. Envoi de 1864. — Cf. *Cataloghi
Campana*, *serie VII*, p. 2, n° 61 : « Satiro, testa piu grande del vero ».

Matrone romaine, buste en marbre de l'époque de Trajan , h. 0,80. Envoi
de 1864.

Céramique. — A la p. 242 le catalogue de l'*Inventaire général* signale « plusieurs vases de la collection Campana envoyés par l'État en même temps que
plusieurs figurines et un petit tombeau étrusque en terre cuite ». M. Frœhner
avait rédigé une notice sommaire sur le lot d'antiques adressé au Musée de
Besançon en 1863.

3° Musée de Béziers (*Inventaire général, Province, Monuments
civils*, t. VI; catalogue rédigé par Ch. Ponsonailhe et daté du
1ᵉʳ novembre 1891).

Peintures. — Envoi de 1863 : trois tableaux, d'après Clément de Ris; un
seul tableau Campana est indiqué par le catalogue de l'*Inventaire* avec la date
de 1863 :

P. 326. Attribué au Titien. *Tobie et son fils enterrant les morts.* Bois. H.
0,73; 1. 0,98. — Cornu : n° 502; Tiziano Vecellio; même titre; h. 0,74;
l. 0,98; « on lit sur une pelle *Titianus f.* » (ce détail est noté aussi par le Catalogue de l'*Inventaire général* : « dans l'angle inférieur de droite on aperçoit
deux pelles, dont l'une porte la signature suivante : *Titianus f.* »).

D'après l'*Inventaire*, deux autres tableaux Campana auraient été envoyés au
musée de Béziers en 1872 :

P. 327. École italienne du xvᵉ siècle (genre de l'Alunno). *Sainte Madeleine
et sainte Dorothée.* Bois. H. 0,20; l. 0,40. — Reiset : n° 139 ; écoles d'Italie,
xvᵉ siècle; *Sainte Marie-Madeleine et sainte Dorothée vues jusqu'aux genoux*;
bois; h. 0,23; l. 0,44. — Cornu; n° 375 ; manière de l'Alunno; *Sainte Dorothée et sainte Marie-Madeleine*; panneau ; h. 0,23; l. 0,43.

Ibid. École lombarde du xvᵉ siècle. *Sainte famille.* Bois. H. 0,60; l. 0,90.
— Cette peinture ne se retrouve pas dans la *Notice* de Reiset; il est probable
qu'elle a été adressée au musée de Béziers en 1863, et non en 1872. L'*Inventaire général* renvoie au n° 437 de Cornu; mêmes attribution et titre; panneau ;
h. 0,62; l. 0,39.

Sculptures. — P. 339. Envoi de 1875 :

L'*Assomption*, bas-relief en terre-cuite, du xvᵉ siècle. H. 0,18; l. 0,16. Porte le n° 8 sur le *Catalogue des sculptures de la Renaissance du Musée Napoléon III* (à la suite du *Catalogue des Tableaux*), qui l'attribue à l'école de Ghiberti.

Aucune mention d'antiques provenant de la collection Campana. M. Frœhner avait rédigé une notice sommaire pour un envoi fait à Béziers en 1863.

4° MUSÉE DE DIEPPE (*Inventaire général, Province, Monuments civils,* tome II; catalogue rédigé par A. Milet et daté du 1er octobre 1886).

PEINTURES. — Envoi de 1863 : trois tableaux, d'après Clément de Ris ; le catalogue de l'*Inventaire général* les indique :

P. 354. D'après Antonio Allegri, dit le Corrège. *Vierge à la crèche allaitant l'Enfant Jésus.* Bois. H. 0,43 ; l. 0,32. — Cornu : n° 526 ; il Correggio ; mêmes titre et dimensions.

P. 355. École siennoise du xive siècle. *Vierge sur un trône.* Bois. H. 0,56 ; l. 0,47. — Cornu : n° 184 ; style de Pietro Laurati ; *La Vierge sur son trône, tenant dans ses bras l'Enfant Jésus qu'adorent plusieurs saints* ; panneau ; h. 0,54 ; l. 0,46.

P. 356. École florentine (ancienne copie du xviie siècle). *Portrait de Bianca Capello.* Bois. H. 0,38 ; l. 0,25. — Cornu : n° 497; école florentine; *Bianca Capello*; panneau ; h. 0,32; l. 0,24.

Envoi de 1872 :

P. 355. École florentine du xive siècle. *Le mariage mystique de sainte Catherine d'Alexandrie.* Triptyque sur bois. H. 0,36; l. 0,50. — Reiset : n° 51 ; école de Sienne du xive siècle ; *Le mariage de sainte Catherine*; bois ; h. 0,37 ; l. 0,50. — Cornu : n° 73 ; Giottesque siennois ou florentin ; même titre ; triptyque, fond d'or ; mêmes dimensions.

5° MUSÉE DE GRENOBLE (*Inventaire général, Province, Monuments civils,* tome VI; catalogue rédigé par J. Roman et daté du 3 avril 1890).

PEINTURES. — Envoi de 1863 : six tableaux, d'après Clément de Ris. Le catalogue de l'*Inventaire général* les indique, sans donner les références au catalogue de Cornu.

P. 53. Alfani (Domenico di Paris). *La Vierge et l'Enfant Jésus.* Bois. H. 0,61 ; l. 0,43. — Cornu : n° 425 ; même attribution et même titre ; panneau ; h. 0,60 ; l. 0,44.

P. 55. Fra Bartolommeo. *La Vierge et l'Enfant Jésus.* Bois. H. 0,84; l. 0,63.

— Cornu : n° 442; même attribution et même titre; panneau; h. 0,80; l. 0,63.

P. 56. Attribué à Giulio Bugiardini. *Portrait de Michel-Ange Buonarrotti.* Bois. H. 0,61; l. 0,48. — Cornu : n° 483. Giuliano Bugiardini; même titre; panneau; h. 0,55; l. 0,43.

P. 60. Taddeo Gaddi. *Saint Laurent.* Bois. H. 0,50; l. 0,13. — Cornu : n° 100; mêmes attribution, titre et dimension.

P. 62. Franc. Mazzola (il Parmeggiano). *L'Amour fabriquant son arc.* Toile. H. 0,42; l. 0,30. — Cornu : n° 530; Domenico Mazzoli; même titre; h. 0,39; . 0, 27.

P. 97. Inconnu de l'école hollandaise. *Le festin de Balthazar.* Toile. H. 1,48; l. 1,74. — Cornu : n° 615; Flink Govert; même titre; h. 1,04; l. 1, 36.

Envoi de 1873 :

P. 70. École italienne du xv⁰ siècle. *Retable de Renieri de Florence.* Bois. Trois compartiments réunis dans un cadre cintré par le haut : au centre, la Vierge et l'Enfant Jésus (h. 1,82; l. 0,73); à gauche, saint Jean-Baptiste; à droite, saint Jérôme (les compartiments latéraux mesurent 1,13 de hauteur et 0,47 de largeur). Au-dessous du motif central, aux pieds de la Vierge, on lit l'inscription suivante :

Questa tavola a fatta fare Rinieri di Luca di Piero Rinieri citadino fiorent. p. t. an. sua (pro tuenda anima sua?).

Reiset : n° 73 ; école florentine, fin du xiv⁰ siècle; *Vierge au milieu d'un chœur d'anges*; bois; h. 1,66; l. 1,73. — Cornu : n° 106; Antonio Veneziano; *La Vierge adorée par les anges, par le petit saint Jean et par saint Jérôme*; panneau; mêmes dimensions que Reiset.

P. 71. École florentine du milieu du xv⁰ siècle. *Sainte Catherine, saint Antoine de Padoue et saint Jean l'Évangéliste.* Bois. H. 2,05; l. 0,77. — Reiset : n° 87; écoles d'Italie, commencement du xv⁰ siècle. *Sainte Catherine d'Alexandrie, saint Antoine de Padoue et saint Jean debout*; bois; mêmes dimensions. — Cornu : n° 127; Lorenzo di Bicci ; *Sainte Catherine, saint Antoine abbé et saint Jean*; panneau; h. 1,35; l. 1,50 (pour 0,50?).

Ibid. École florentine du milieu du xv⁰ siècle. *Saint Louis, saint Laurent et saint François.* Bois. H. 2,05; l. 0,77. — Reiset; n° 86; écoles d'Italie, commencement du xv⁰ siècle; *Saint François d'Assise, saint Laurent et saint Louis de Toulouse debout*; bois; h. 2,05; l. 0,75. — Cornu : n° 128; Lorenzo di Bicci; *Saint François d'Assise, [saint Laurent et saint Ludovic*; panneau; h. 1,35; l. 0,50.

Sculptures. — P. 112. Quatre bustes de marbre provenant de la collection Campana, envoyés par l'État en 1863 :

Vitellius, buste ; h. 0,76; « suspect ». — Cf. *Cataloghi Campana, serie VII*, p. 5, n° 177 : « Vitellio ».

Torse de guerrier revêtu d'une cuirasse; h. 1,10. — Cf. *Cataloghi Campana*, *serie VII*, p. 4, n° 139 : « Corazza di statua imperiale ».

Buste d'une dame romaine du 1ᵉʳ *siècle* (d'après la coiffure) ; h. 0,64.

Buste d'une dame romaine de l'époque de Septime Sévère (d'après la coiffure) ; h. 0,73.

P. 113. Deux urnes funéraires étrusques quadrangulaires en terre cuite, provenant de la collection Campana, envoyées par l'État en 1863. Sujet représenté sur la face principale : combat d'Etéocle et de Polynice ; à droite et à gauche, des Furies tenant des torches. La première mesure 0,27 de hauteur sur 0,45 de largeur ; la deuxième 0,22 sur 0,29.

CÉRAMIQUE. — P. 169. Cinq vases figurés de la collection Campana, sans date d'envoi (probablement 1863) :

Amphore à deux anses (h. 0,44) ; fond rouge à dessins noirs ; d'un côté une femme est debout entre deux satyres ; de l'autre trois femmes debout ; celle du milieu tenant une lyre.

Coupe apode (diamètre 0,12) ; fond rouge à dessins noirs ; au fond une tête féminine diadémée et tournée à gauche.

Coupe apode à anses (diamètre 0,18) ; fond noir à dessins rouges ; au milieu une colonne, des deux côtés de laquelle un homme est debout tenant un strigile ; ces deux personnages se font face.

Cylix à anses (h. 0,10) ; fond noir à dessins rouges ; au fond un satyre marchant tenant un rameau ; sur les bords deux scènes semblables représentant une femme debout entre deux satyres dansant.

Cylix à anses (h. 0,10) ; fond rouge à dessins noirs et blancs ; au fond une tête de Méduse ; sur les bords, d'un côté deux yeux entre deux personnages se faisant face ; de l'autre deux yeux entre deux personnages, l'un nu, l'autre drapé se dirigeant du même côté.

M. Frœhner avait rédigé une notice sur le lot d'antiques envoyé à Grenoble en 1863 et qui devait comprendre un nombre beaucoup plus considérable de vases.

6° MUSÉE DE LISIEUX (*Inventaire général, Province, Monuments civils*, tome VI ; catalogue rédigé par **F. de Mély** et **A. de Montaiglon** et daté du 1ᵉʳ novembre 1890).

PEINTURE. — Un tableau Campana envoyé en 1876 :

P. 250. Écoles d'Italie. Antonio de Calvis. *La Vierge assise sur un trône et tenant l'Enfant Jésus*. Bois. H. 1,54 ; l. 1,22 (avec le cadre). Au bas, en deux longues lignes de capitales en or :

Quest opera anno facta fare le rellegiose et principali de casa sc̄a Caterina e Paola da mastro Antonio de Calvis.

Reiset : n° 192 ; attribué à Antonio Calvi; *La Vierge entre deux saints* ; bois ; h. 1,24 ; l. 0,82. — Cornu : n° 379; Maestro Antonio de Calvis, de Pérouse ; *La Vierge sur un trône ayant l'Enfant Jésus sur ses genoux* ; panneau ; h. 1,25 ; l. 0,84.

7° MUSÉE DE MONTPELLIER (*Inventaire général, Province, Monuments civils*, tome I; catalogue rédigé par G. **Lafenestre** et E. Michel et daté du 10 janvier 1878).

PEINTURES. — Envoi de 1863 : six tableaux, d'après Clément de Ris ; le catalogue de l'*Inventaire général* n'en indique que cinq :

P. 240. Vincenzo Catena. *Le Christ*. Bois. H. 0,33; l. 0,23. — Cornu : n° 292; mêmes attribution, titre et dimensions.

P. 242. Manière de Sandro Botticelli. *La Vierge avec l'Enfant Jésus*. Bois. Panneau rond ; diamètre : 0,73. — Cornu : n° 231; même attribution ; *La Vierge assise avec l'Enfant Jésus qui l'embrasse tendrement ; à côté d'eux le petit saint Jean en adoration*; mêmes dimensions.

P. 243. Giovanni di Monte Rubiano. *Notre-Dame de Bon Secours*. Bois. H. 1,80; l. 1,51. Inscription :

Die XXII maii 1506. Santa Maria Succursi, ora pro nobis. Joannes de Monte Rubiano pinxit.

Cornu : n° 432; mêmes attribution et titre; h. 1,80; l. 0,51 (sans doute pour 1,51).

P. 245. Scipion Pulzoni, dit il Gaetano. *Portrait d'un prêtre*. Bois. H. 0,54 ; l. 0,26. — Cornu : n° 490; mêmes attribution et titre; h. 0,54; l. 0,20.

P. 249. École florentine du XIV° siècle. *Le Christ sur la croix*. Bois. H. 0,52; l. 0,22. — Cornu : n° 37; école de Giotto; *Le Christ sur la croix, la Vierge et saint Jean à ses pieds*; panneau; h. 0,53; l. 0,22.

Envoi de 1872 :

P. 241. Lorenzo di Credi. *La Vierge adorant l'Enfant Jésus*. Bois. Panneau rond; diamètre : 1,12. — Reiset : n° 224 ; école de Lorenzo di Credi ; *La Vierge, accompagnée de deux anges, adore l'Enfant Jésus couché devant elle; à gauche saint Joseph*; bois; mêmes dimensions. — Cornu : n° 223; Andrea Verrocchio; *La Vierge adorant son divin fils couché par terre*; panneau rond; diamètre : 1,13.

Envoi de 1876 :

P. 249. École florentine du XV° siècle. *Adoration des mages*. Bois; h. 0,81 ; l. 0,21. — Paraît correspondre au n° 205 de Reiset; écoles d'Italie fin du XV° siècle ; *L'Adoration des mages* ; bois ; h. 0,21 ; l. 0,80 (chiffres intervertis?). — Cornu : n° 232; manière de Sandro Botticelli; mêmes titre et dimensions que dans l'*Inventaire général*.

SCULPTURES. — P. 360. Proviennent de la collection Campana (sans doute, envoi de 1863) :

Hercule enfant, statue de marbre ; h. 1,10.

Mercure, buste de marbre ; h. 0,65. — Cf. *Cataloghi Campana*, *serie VII*, p. 1, n° 7 : « Mercurio, busto al vero ».

Vénus, buste de marbre ; h. 0,65.

Victoire, bas-relief en terre cuite.

Faunes vendangeurs, bas-relief en terre cuite.

Trois *têtes de femmes*, bustes en terre cuite.

CÉRAMIQUE. — P. 365-366. Objets d'art provenant du musée Campana (envoyés très probablement, eux aussi, en 1863). Trente-huit pièces numérotées, au musée de Montpellier, de 21 à 59 :

21. Amphore à anse plate ; lion en relief. Vase étrusque.

22. Petite amphore. Vase étrusque.

23. Amphore. Hercule apportant le sanglier à Eurysthée caché dans un pithos ; Minerve est à côté ; combat. Vase grec, poterie à figures noires.

24. Coupe. Intérieur : éphèbe lançant le disque. Revers : éphèbe et hommes barbus. Vase grec, poterie à figures rouges.

25. Coupe. Palestrites. Vase grec, poterie à figures rouges.

26. Coupe à quatre supports reliefs. Déesses ailées et ornements. Vase étrusque.

27. Tasse. Vase grec, poterie d'ancien style.

28. Urne cinéraire étrusque. Étéocle et Polynice. Terre cuite.

29. Antéfixe : masque et patinette. Terre cuite.

30. Patères. Tête de déesse. Époque de la décadence.

31. Patère. Vase grec vernissé.

32. OEnochoé. Vase grec vernissé.

33. OEnochoé. Satyre et nymphes. Vase grec, poterie à figures noires.

34. OEnochoé à rouelles. Vase grec, poterie d'ancien style.

35. OEnochoé. Vase étrusque peint, de la décadence.

36. OEnochoé. Poterie de pâte noire. Vase étrusque, haute antiquité.

37. Lecythus. Vase grec vernissé.

38. Lecythus. Nymphes et satyre. Vase grec, poterie à figures noires.

39. Lecythus. De la décadence.

40. Cyathis. Vase étrusque.

41. Grand pithos cannelé. Des animaux sacrés sont représentés sur une frise circulaire. Vase étrusque provenant des fouilles de Cervetri.

42. Scyphus à une anse.

43. Kotylos. Vase étrusque.

44. Petit pithos. Vase grec, poterie d'ancien style.

45. Bombylios. Poterie, style phénico-corinthien.
46. Alabastrum. Poterie, style phénico-corinthien.
47. Aryballe. Poterie, style phénico-corinthien.
48. Cotylisque. Poterie, style phénico-corinthien.
49. Stamnos. Satyre et nymphes; cavalier. Vase grec, poterie à figures noires.
50. Oxybaphon. Vase grec vernissé.
51. Scyphus. Vase grec vernissé.
52. Amphoridion. Vase grec vernissé.
53. Canthare. Vase étrusque.
54. Cotyle. Vase grec vernissé.
55. Cotyle. Chouette. Vase grec, poterie à figures rouges.
56. Cotyle. Vase étrusque.
57. Lampe ouverte. Vase grec vernissé.
58. Lampe. Terre cuite.
59. Ours. Terre cuite.

Cette liste a dû être dressée d'après la notice sommaire rédigée par M. Frœhner. L'envoi d'antiquités Campana fait au musée de Montpellier ressemble tout à fait à ceux qu'ont reçus en 1863 les musées d'Évreux, de Bernay, de Rouen et dont nous reproduirons plus loin les notices descriptives conservées. Il comprenait comme eux : trois bustes ou statues de marbre, des bas-reliefs et petits bustes de terre-cuite, des pièces de céramique désignées sous des noms caractéristiques (grand pithos cannelé de Cervetri, urne cinéraire étrusque avec Etéocle et Polynice, lecythus, cotylisque, oxybaphon, etc.) et classées méthodiquement (vases étrusques : haute antiquité, décadence; vases grecs : poteries d'ancien style, poteries de style phénico-corinthien, poteries à figures noires, poteries à figures rouges, vases vernissés).

8° MUSÉE DE NANTES (*Inventaire général*, *Province*, *Monuments civils*, tome II; catalogue rédigé par O. Merson et daté du 1ᵉʳ mai 1883).

PEINTURES. — Envoi de 1863 : six tableaux, d'après Clément de Ris; le catalogue de l'*Inventaire général* les indique :

P. 76. Attribué à Francesco Barbieri, dit il Legnano (école lombarde). *L'Adoration des mages*. Cuivre. H. 0,48; l. 0,43. — Cornu : n° 523; Andrea Salai dit Salaino; même titre; h. 0,48; l. 0,37.

P. 84. Benedetto Gennari (école bolonaise). *Portrait de jeune homme*. Toile. H. 0,67; l. 0,57. — Cornu : n° 576; même attribution; *David, la main sur la garde de l'épée avec laquelle il a tranché la tête de Goliath*; h. 0,96; l. 0,56.

P. 91. Attribué à Domenico Puligo (école florentine). *La Sainte famille*.

Bois. H. 1,03 ; l. 0,79. — Cornu : n° 465 ; Andrea del Sarto ; même titre ;
h. 1,03 ; l. 0,81.

P. 96. Attribué à Simone di Martino, dit Simone Memmi (école siennoise)
La Vierge lisant dans un livre de prières. Bois. H. 0,765 ; l. 0,51. — Cornu :
n° 137 ; même attribution ; *La Vierge, les mains croisées sur sa poitrine, lit
dans un livre de prières* ; panneau ; h. 0,66 ; l. 0,40.

P. 102. Giottesque siennois ou florentin du xiv° siècle. *La Vierge, l'Enfant
Jésus et plusieurs saints.* Bois. H. 0,50 ; l. 0,35. — Cornu : n° 64 ; même
attribution ; *La Vierge avec son divin Enfant et plusieurs saints* ; h. 0,49 ;
l. 0,35.

P. 120. École de Murillo. *Deux anges.* Toile. H. 0,63 ; l. 0,92. — Cornu :
n° 601 ; Murillo ; *Deux anges de grandeur naturelle* ; mêmes dimensions.

Envoi de 1872 :

P. 104. École florentine. *Saint Barthélemy.* Bois. H. 1,09 ; l. 0,36 ; « provenant de l'ancienne collection du Louvre ». — Paraît correspondre au n° 40
de Reiset ; école florentine, xiv° siècle ; même titre ; bois, forme ogivale ;
h. 0,92 ; l. 0, 31. — Cornu : n° 29 ; Gaddo Gaddi ; même titre ; panneau, fond
d'or ; h. 0,60 ; l. 0,29.

Ibid. École florentine, *Saint Pierre.* Bois. H. 1,09 ; l. 0,36 ; « provenant de
l'ancienne collection du Louvre ». — Paraît correspondre au n° 41 de Reiset ;
école florentine, xiv° siècle ; même titre ; bois, forme ogivale ; h. 0,92 ; l. 0,31.
— Cornu : n° 30 ; Gaddo Gaddi ; même titre ; panneau, fond d'or ; h. 0,60 ;
l. 0,29.

P. 106. École italienne du xvi° siècle. *La Nativité.* Peinture sur bois,
transportée sur toile. H. 2,26 ; l. 1,55. — Reiset : n° 181 ; Bernardino Pinturicchio ; même titre ; bois, forme cintrée du haut ; h. 2,23 ; l. 1,54. — Cornu :
n° 415 ; Bernardino Pinturicchio ; *La Crèche* ; h. 2,20 ; l. 1,50.

Si la ville de Nantes possède un lot d'antiques provenant de la collection
Campana, il doit se trouver au Musée Dobrée (ancien Musée archéologique).
M. Frœhner n'a pas rédigé de notice pour Nantes.

9° MUSÉE D'ORLÉANS (*Inventaire général, Province, Monuments
civils,* tome I ; catalogue rédigé par Eud. Marcille et daté du
13 août 1877).

PEINTURES. — Envoi de 1863 : six tableaux, d'après Clément de Ris. Le
catalogue de l'*Inventaire général* en indique seulement cinq :

P. 116. École de Fra Bartolomeo. *La Sainte Vierge.* Bois. H. 0,85 ; l. 0,66.
— Cornu : n° 443 ; Fra Bartolomeo ; *La Vierge avec l'Enfant* ; panneau ;
h. 0,86 ; l. 0,67.

P. 122. Inconnu de l'école italienne. *Saint Jérôme.* Bois. H. 0,68 ; l. 0,30.

— Cornu : n° 69 ; Giottesque siennois ou florentin ; *Saint Jérôme assis tenant l'une des pattes du lion* ; panneau ; h. 0,70 ; l. 0,32.

P. 123. Inconnu de l'école italienne. *La Vierge et l'Enfant Jésus.* Bois. H. 0,54 ; l. 0,40. — Cornu : n° 485 ; Domenico Beccafumi ; *La Vierge et l'Enfant, avec saint Joseph et une religieuse* ; panneau ; h. 0,39 ; l. 0,29.

P. 124. Inconnu de l'école vénitienne. *Le Christ enseignant.* Bois. H. 1,20 ; l. 1,05. — Cornu : n° 510 ; Bonifazio Veneziano ; *Jésus, saint Joseph et la Vierge* ; panneau ; h. 1,18 ; l. 1,03.

P. 138. Inconnu de l'école hollandaise. *Le Penseur.* Bois. H. 0,64 ; l. 0,90. — Cornu : n° 607 ; Quintin Metsys ; *Saint Jérôme, dans une cellule solitaire, assis devant une petite table sur laquelle se trouve* (sic) *un crucifix et un pupitre portant un gros livre ouvert* ; panneau ; h. 0,90 ; l. 0,65.

Envoi de 1872 :

P. 121. École de Luca Signorelli. *La Sainte Vierge assise sous un dôme tient l'Enfant Jésus.* Bois. H. 1,20 ; l. 1,23. — Reiset : n° 165 ; même attribution ; *La Vierge entre deux saints* ; bois ; h. 1,27 ; l. 1,25. — Cornu : n° 255 : Francesco Signorelli ; *La Vierge avec l'Enfant* ; panneau ; h. 1,28 ; l. 1,25.

P. 124. Inconnu de l'école italienne. Suite de quatre tableaux sur bois : 1° *Une cavalcade* ; h. 0,37 ; l. 0,28 ; 2° *Enée et Didon* ; h. 0,20 ; l. 0,21 ; 3° *Mort de Didon* ; h. 0,21 ; l. 0,26 ; 4° *Didon assise sur un trône* ; h. 0, 21 ; l. 0,23. — Reiset : n° 81 ; école de Sienne, commencement du xv° siècle ; scènes diverses paraissant se rapporter à l'histoire d'Enée et de Didon ; quatre panneaux réunis dans un même cadre : 1° *Enée et Didon, à cheval, visitant Carthage* ; h. 0,36 ; l. 0,27 ; 2° *Didon, assise sur son trône, accueille Enée et ses compagnons* ; h. 0,21 ; l. 0,20 ; 3° *Didon se poignardant sur le bûcher en présence de plusieurs personnages* ; h. 0,21 ; l. 0,26 ; 4° *Didon, assise sur un trône, reçoit une supplique de quatre personnages agenouillés* ; h. 0,21 ; l. 0,22. — Cornu : n°ˢ 168 à 171 ; Pietro della Francesca ; *Aventures de Didon et d'Enée* ; h. 0,71 ; l. 0,83 ; quatre panneaux réunis dans un seul cadre.

Les antiques de la collection Campana que possède Orléans doivent se trouver au Musée Historique de cette ville ; M. Frœhner avait rédigé une notice sommaire à leur sujet.

10° MUSÉE DE TOURS (*Inventaire général, Province, Monuments civils*, tome V ; catalogue rédigé par F. Laurent et A. de Montaiglon, et daté du 1ᵉʳ octobre 1890).

PEINTURES. — Envoi de 1863 : cinq tableaux, d'après Clément de Ris ; le catalogue de l'*Inventaire général* les indique :

P. 356. Manière de Giovanni Bellini ; *Sainte Famille.* Bois. H. 0,97 ; l. 1,08.

— Cornu : n° 281 ; Giovanni Bellini ; *La Vierge avec l'Enfant, saint Jean-Baptiste et saint Jérôme* ; panneau ; h. 0,77 ; l. 1,68.

P. 357. Attribué à Vittorio Crivelli. *Saint Jean-Baptiste*. Bois. H. 1,61 ; l. 0,71. — Cornu : n° 275 ; mêmes attribution, titre et dimensions.

P. 361. Attribué à Eusebio da San Giorgio. *Adoration de l'Enfant Jésus*. Bois ; panneau rond ; diamètre : 0,87. — Cornu : n° 431 ; même attribution, *La Sainte Famille* ; panneau rond ; diamètre : 0,85.

P. 362. Attribué à Marcello Venusti dit il Mantovano. *Le Christ sur la croix*. Cuivre. H. 0,36 ; l. 0,25. — Cornu : n° 489 ; mêmes attribution et titre ; h. 0,39 ; l. 0,29.

P. 363. École de Sienne. *Jeune guerrier costumé à l'antique*. Bois. H. 0,86 ; l. 0,53. — Cornu : n° 417 ; style de Pinturicchio ; *Un guerrier armé* ; panneau ; h. 0,80 ; l. 0,43.

Envoi de 1872 :

P. 363. École de Fiesole ou de Sienne. *L'Annonciation*. Bois. Deux panneaux à pan coupé, sur fond d'or, de 0,61 de h. chacun sur 0,32. — Reiset : n° 88 ; écoles d'Italie, commencement du xv° siècle ; *L'Annonciation, en deux panneaux de forme hexagone* ; h. 0,65 ; largeur 0,31. — Paraît correspondre au n° 378 de Cornu : Benedetto Bonfigli ; *L'Annonciation et dans le haut le Père Éternel* ; panneau à fond d'or ; h. 0,54 ; l. 0,36.

SCULPTURE. — P. 388. Deux bustes de marbre provenant de la collection Campana, envoyés en 1863 :

Dame romaine (« femme de l'empereur Commode, d'après le catalogue du Musée Campana ») ; h. 0,73. — Cf. *Cataloghi Campana*, serie VII, p. 5, n° 104. « Crispina, moglie di Commodo ».

Personnage romain ; h. 0,68.

Aucune mention du lot de céramique pour lequel M. Frœhner a rédigé une notice en 1863.

TABLEAUX RÉCAPITULATIFS.

PEINTURES. — Les dix musées décrits dans l'*Inventaire général des richesses d'art de la France* contiennent 63 tableaux provenant de l'ancienne collection Campana, dont nous connaissons les numéros d'ordre dans le catalogue de Cornu et aussi, pour ceux qui étaient entrés au Louvre en 1862, dans la notice de Reiset. Ce chiffre doit être considéré comme un *minimum*. D'après Clément de Ris, ces dix musées auraient, en 1863, reçu 47 peintures Campana ; les catalogues de l'*Inventaire général* n'en mentionnent que 36. D'autre part, faute d'indications suffisantes dans les catalogues, nous ne sommes pas sûr d'avoir retrouvé parmi les envois de l'État en 1872-1873 et en 1876 toutes les peintures Campana adressées à ces dates aux musées départementaux.

Voici comment se répartissent par musée et par date d'envoi les 63 tableaux en question :

MUSÉES	ENVOI DE 1863		ENVOI DE 1872-1873	ENVOI DE 1876
	Chiffres de Clément de Ris.	Chiffres de l'*Inventaire général.*		
Angers	6	5	2	0
Besançon . . .	6	6	3	1
Béziers[1] . . .	3	1	2	0
Dieppe	3	3	1	0
Grenoble . . .	6	6	3	0
Lisieux	0	0	0	1
Montpellier . .	6	5	1	1
Nantes	6	6	3	0
Orléans	6	5	2	0
Tours	5	5	1	0
Totaux :	47	42	18	3

Voici d'autre part la liste générale des tableaux avec renvois aux catalogues de Cornu et de Reiset :

NUMÉROS DE CORNU	NUMÉROS DE REISET	DATES D'ENVOI	MUSÉES
17	—	1864	Besançon.
26	—	1863	Angers.
29	40	1872	Nantes.
30	41	1872	Nantes.
37	—	1863	Montpellier.
64	—	1863	Nantes.
69	—	1863	Orléans.
73	51	1872	Dieppe.
89	—	1863	Angers.
100	—	1863	Grenoble
106	73	1873	Grenoble.
127	87	1873	Grenoble.
128	86	1873	Grenoble.
137	—	1863	Nantes.
168-171	81	1872	Orléans.

1. Peut-être l'un des deux envois attribués à 1872 par l'*Inventaire général* est-il de 1863 (voir plus **haut** p. 38).

NUMÉROS DE CORNU	NUMÉROS DE REISET	DATES D'ENVOI	MUSÉES
184	—	1863	Dieppe.
223	221	1872	Montpellier.
231	—	1863	Montpellier.
232	205	1876	Montpellier.
243	220	1872	Angers.
248	153	1872	Besançon.
250	150	1872	Besançon.
255	165	1872	Orléans.
275	—	1863	Tours.
281	—	1863	Tours.
292	—	1863	Montpellier.
336	136	1876	Besançon.
375	139	1872	Béziers.
378	88	1872	Tours.
379	192	1876	Lisieux.
415	181	1872	Nantes.
417	—	1863	Tours.
425	—	1863	Grenoble.
431	—	1863	Tours.
432	—	1863	Montpellier.
437	?	1872 (ou p.-ê. 1863)	Béziers.
442	—	1863	Grenoble.
443	—	1863	Orléans.
465	—	1863	Nantes.
468	—	1864	Besançon.
483	—	1863	Grenoble.
485	—	1863	Orléans.
489	—	1863	Tours.
490	—	1863	Montpellier.
497	—	1863	Dieppe.
499	210	1872	Besançon.
502	—	1863	Béziers.
509	—	1863	Angers.
510	—	1863	Orléans.
523	—	1863	Nantes.
526	—	1863	Dieppe.
530	—	1863	Grenoble.
543	—	1864	Besançon.
546	215	1872	Angers.
560	—	1864	Besançon.
569	—	1864	Besançon.
574	—	1863	Angers.
576	—	1863	Nantes.
581	—	1864	Besançon.
590	—	1863	Angers.
601	—	1863	Nantes.
607	—	1863	Orléans.
645	—	1863	Grenoble.

Nous ne comptons que pour un seul tableau (n° 81 de Reiset)
les quatre panneaux réunis dans un même cadre, que Cornu
a numérotés 168, 169, 170, 171; nos 63 tableaux représentent
donc en réalité 66 numéros du catalogue de Cornu; six d'entre

eux (n°ˢ 26, 106, 379, 432, 502, 546 de Cornu) portent des signatures ou autres inscriptions intéressantes.

SCULPTURE MODERNE. — Bas-relief de terre cuite du xvᵉ siècle (n° 8 du *Catalogue des sculptures de la Renaissance du musée Napoléon III*), envoyé à Béziers en 1875.

SCULPTURES ANTIQUES. — Vingt-deux pièces, dans les musées de Besançon, Grenoble, Montpellier, Tours :

1° Marbres (treize pièces) :

Statue de Diane (1864), Besançon (n° 31 des *Cataloghi*).
tatue d'Hercule enfant, Montpellier.
Torse de guerrier (1863), Grenoble (n° 139 des *Cataloghi*).
Buste de Vénus, Montpellier.
Buste de Mercure, Montpellier (n° 7 des *Cataloghi*).
Buste de Vitellius (1863), Grenoble (n° 177 des *Cataloghi*).
Buste de dame romaine du ₁ᵉʳ *siècle* (1863), Grenoble.
Buste de dame romaine du temps de Septime Sévère (1863), Grenoble.
Buste de dame romaine : la femme de Commode (1863), Tours (n° 104 des *Cataloghi*).
Buste de matrone romaine (1864), Besançon.
Buste de personnage romain (1863), Tours.
Tête de Vénus (1875), Besançon.
Tête de Satyre (1864), Besançon (n° 61 des *Cataloghi*).

2° Terres cuites (neuf pièces) :

Bas-relief : *Victoire*, Montpellier.
Bas-relief : *Faunes vendangeurs*, Montpellier.
Trois *têtes de femme*, Montpellier.
Deux *urnes funéraires étrusques* quadrangulaires avec sujets figurés (1863), Grenoble.
Petit tombeau étrusque (1864), Besançon.
Urne cinéraire étrusque, Montpellier.

Les envois de sculptures antiques Campana faits au musée de Montpellier datent sans doute de 1863.

Le musée de Besançon a reçu en 1864 plusieurs figurines

de terre cuite, dont le détail n'est pas donné dans l'*Inventaire
général*.

CÉRAMIQUE. — M. Frœhuer avait rédigé des notices descriptives pour les lots d'objets antiques envoyés en 1863 aux musées
d'Angers, Besançon, Béziers, Grenoble, Orléans, Tours. Outre
les sculptures de terre cuite qui viennent d'être énumérées,
l'*Inventaire général* signale seulement :

A Besançon, plusieurs vases dont le détail n'est pas donné;

A Grenoble, cinq vases à sujets figurés (décrits);

A Montpellier, trente-sept pièces (liste détaillée), plus une
urne cinéraire étrusque.

II

MUSÉES DE NORMANDIE.

La Normandie paraît avoir été particulièrement favorisée
dans la distribution des tableaux et des antiques de la collection
Campana. En 1863, tandis que sur l'ensemble des cinq départements bretons trois villes recevaient 15 tableaux, dans les
cinq départements normands dix villes en ont reçu 40 ; si Brest,
Quimper, Saint-Brieuc, Vannes étaient négligés, l'administration
des Beaux-Arts n'oubliait pas Cherbourg, Bayeux, Bernay,
Dieppe. En 1872 Bayeux obtenait deux peintures, autant qu'Orléans et Angers; Cherbourg, Saint-Lô, Bernay, Dieppe en obte-
naient une, comme Montpellier; en 1876, les villes de Cherbourg,
Bayeux, Lisieux et Bernay s'en voyaient attribuer chacune encore
une, autant que Rouen et Caen. Des influences personnelles expli-
quent ces largesses. Le marquis de Chennevières, inspecteur des
musées de province à partir de 1852, plus tard inspecteur des
expositions d'art et enfin directeur des Beaux-Arts de 1873 à
1876, était Normand; il s'intéressait très vivement aux destinées
des musées départementaux[1] et surtout à celles des musées de

1. Au moment où quelques-unes des idées émises à ce sujet par le marquis
de Chennevières reviennent en faveur, il n'est pas inutile de rappeler les
publications où il les a développées : *Travaux préparatoires et explicatifs du
rapport adressé par M. le Directeur des Musées nationaux à M. le Ministre de*

sa province d'origine[1]. M. le baron Gérard, depuis député de Bayeux, fut longtemps attaché au Louvre : on s'explique qu'un nombre relativement élevé de peintures Campana ait été envoyé en trois fois à la ville qu'il devait représenter et dont le musée est, en très grande partie, la création de sa famille.

Pour faire l'inventaire des tableaux et des antiques provenant de l'ancienne collection Campana que possède aujourd'hui la Normandie, je me suis adressé aux conservateurs des musées, qui ont répondu presque tous avec le plus grand empressement aux questions multiples que je leur posais. Les recherches à faire étaient si complexes et les points à éclaircir si nombreux que j'ai dû recourir, en outre, aux bons offices d'un de mes collègues de la Faculté des Lettres de Caen, M. H. Prentout, professeur d'Histoire de Normandie, de plusieurs professeurs des lycées et collèges et de quelques étudiants zélés. Je tiens à remercier ici très vivement tous ces collaborateurs bénévoles, conservateurs des musées et universitaires — la plupart des conservateurs appartiennent d'ailleurs eux-mêmes à l'Université. Avec l'assistance des uns et des autres, les catalogues imprimés ou manuscrits des musées ont été consultés, ainsi que les registres d'entrée; nous nous sommes reportés à plusieurs reprises aux Archives communales et départementales, afin d'y retrouver les pièces concernant les envois de l'État. Presque partout nous avons eu à déplorer l'insuffisance des catalogues et des Archives. L'organisation scientifique et la mise en valeur des musées départementaux appellent d'urgentes réformes. Il est très difficile de savoir exactement ce que renferme

l'*Intérieur sur la nécessité de relier les Musées des départements au Musée Central du Louvre*, Paris, 1848; *Observations sur le Musée de Caen et sur son nouveau catalogue*, Argentan, 1851 ; *Essais sur l'organisation des arts en province*, Paris, 1852; et son grand ouvrage intitulé *Recherches sur la vie et les ouvrages de quelques peintres provinciaux de l'ancienne France*, 4 volumes, Paris, 1847-1862. Voir l'article consacré par M. G. Lafenestre à l'œuvre du marquis de Chennevières, dans la *Gazette des Beaux-Arts*, 1899, I, p. 397-412.

1. M. de Chennevières « ne cessa d'être le génie bienfaisant du musée de Caen » (F. Engerand, dans le *Bulletin de la Société des Beaux-Arts de Caen*, X, p. 127).

chaque collection, — d'autant plus qu'on a la mauvaise habitude
de distraire des galeries un certain nombre de peintures, même
anciennes, qu'on juge moins importantes ou plus décoratives
et qui servent à orner les murs des Hôtels de Ville, des biblio-
thèques ou des cercles militaires; à Bayeux, sur les six tableaux
Campana, deux seulement sont au musée, trois à la bibliothèque
et un à l'Hôtel de Ville. Il faudrait rappeler aux municipalités
qu'un musée est destiné à l'enseignement de l'art et de l'histoire
de l'art, et non pas à servir de magasin d'accessoires pour les
monuments publics. D'autre part, on relègue parfois les antiques dans des placards ignorés; c'est ce qui est arrivé à Caen,
où la perspicacité d'un conservateur plus soucieux de ses devoirs
que ses devanciers les a tout récemment découverts. Un musée
ne devrait pas être non plus une oubliette. Il est plus difficile
encore de savoir d'où proviennent les œuvres que possèdent les
musées provinciaux; les indications des catalogues, des registres
d'entrée et des pièces d'archives sont très incomplètes. Les seuls
tableaux Campana mentionnés sous ce nom dans les documents
officiels sont ceux que l'État a expédiés dans les départements
en 1863; quelques-uns d'entre eux portent encore, sur des étiquettes de papier, les numéros qu'on leur avait donnés à Paris
en 1862 et que reproduit le catalogue de Cornu ; ces numéros se
trouvent répétés dans les lettres d'envoi dont nous avons eu
connaissance[1]. Les tableaux Campana reçus en 1872-1873 et
en 1876 sont confondus le plus souvent avec le reste des envois
faits par l'État à ces dates. Pour les identifier, il nous a fallu
nous référer sans cesse à la notice de Reiset. Nous ne pouvons
nous vanter que rien ne nous ait échappé; il nous semble du
moins que notre enquête établit assez exactement la part prise
par la Normandie au démembrement de la collection Campana.

1. Le texte des lettres d'envoi de 1863 est purement et simplement un extrait
du catalogue de Cornu; il reproduit les attributions, titres et dimensions que
donne celui-ci. Dans les lettres d'envoi de 1872 et 1873, les attributions et
titres sont indiqués d'après la notice de Reiset.

1° Département de la Manche[1].

1° Musée de Saint-Lô. — Renseignements communiqués par M. Gaëtan Guillot, conservateur du musée.

Le *Catalogue du musée de Saint-Lô*, par M. Gaëtan Guillot, a paru dans les *Notices, mémoires et documents publiés par la Société d'agriculture, d'archéologie et d'histoire naturelle du département de la Manche*, tome XXII, 1904, p. 1-48 ; un tirage à part est en vente au musée.

Peintures. — Envoi de 1863 : trois tableaux, d'après Clément de Ris ; le catalogue les indique ; la lettre d'envoi est aux Archives départementales.

P. 20 du catalogue, n° 58. Inconnu. *Un lion* (lion couché dans un paysage). H. 0,97 ; l. 1,34. — La lettre d'envoi ne donne pas de nom d'auteur ni de dimensions ; ce doit être le n° 620 de Cornu : Peters ; *Un lion au repos* ; toile ; h. 0,99 ; l. 0,40 (pour 1,40) ; « grandeur naturelle, étude d'après nature ».

P. 20, n° 59. Sebastiano Martinez. *La Vierge et l'Enfant Jésus*. H. 0,35 ; l. 0,25. — Cornu : n° 599 ; même attribution ; *La Vierge et l'Enfant* ; toile ; h. 0,35 ; l. 0,25 ; « au bas de ce tableau on lit la signature de Martinez ».

P. 20, n° 60. Giottesque siennois. *Saint François en évêque* (sic). H. 0,49 ; l. 0,21. Détrempe sur fond d'or. — La lettre d'envoi porte les indications suivantes, copiées sur le catalogue de Cornu : n° 86, Giottesque siennois ou florentin ; *Un saint évêque et saint François* ; panneau, fond d'or ; h. 0,50 ; l. 0,22 ; demi figures.

Envoi de 1873 :

P. 24, n° 78. Primitif. *La mort de la Vierge* ; bois ; détrempe ; h. 0,90 ; l. 0,44. — Reiset : n° 91 ; écoles d'Italie, commencement du xve siècle ; même titre ; bois ; 0,91 ; l. 0,43. — Cornu : n° 156 ; Beato Angelico ; même titre ; panneau ; h. 0,92 ; l. 0,44.

D'après le catalogue, deux autres tableaux du musée de Saint-Lô, donnés par l'État (attribué à Jordaens, *La femme entre le vice et la vertu* ; — Ambroise Dubois, *La charité romaine*) auraient appartenu également à la collection Campana ; il n'en est rien.

2° Musée de Cherbourg. — Renseignements communiqués par MM. Féron, conservateur du musée, et Deguerne, professeur de dessin au lycée.

1. Je dois à M. Dalleinne, professeur à Saint-Lô, la copie des documents des Archives départementales concernant les envois faits aux Musées de la Manche en 1863, 1872 et 1875.

Le dernier catalogue imprimé du musée de Cherbourg, tiré à
peu d'exemplaires et maintenant épuisé, a paru en 1870, sans
nom d'auteur, chez Mouchel, éditeur à Cherbourg. Sur la de-
mande de M. Marcel Renault, professeur au lycée, adjoint au

Fig. 1. — La Vierge de Miséricorde. (Ancienne collection Campana.)
Musée de Cherbourg.

maire, M. Lemenan, chef du Service des Travaux de l'Hôtel de
Ville, m'a adressé un exemplaire autocopié d'une notice intitulée
Musée de Cherbourg, Recherches dans les archives, datée du
11 février 1905 et signée de M. A. Barbe, chef du Bureau de
l'Instruction Publique à l'Hôtel de Ville. On y trouve, année par

année, de 1832 à 1904, le relevé de tous les faits et l'analyse de tous les documents intéressant le musée.

PEINTURES. — Envoi de 1863 : trois tableaux, d'après Clément de Ris ; ils sont indiqués par la notice manuscrite ; la lettre d'envoi est aux Archives départementales.

1° Allegretto Nuci. *La Vierge et l'Enfant Jésus.* — Cornù : n° 361, même attribution et même titre ; triptyque ; h. 1,82 ; l. 1,50.

2° *Portrait de Léonard de Vinci par lui-même.* — Cornu : n° 518 ; même attribution et même titre ; panneau ; h. 0,64 ; l. 0,48.

3° Concalvez Nuno. *La Vierge et l'Enfant.* — Cornu : n° 594 ; même attribution et même titre ; toile ; h. 0,71 ; l. 0,38. — D'après M. Deguerne, ce tableau mesure en réalité 0,93 de hauteur sur 0,80 de largeur.

Envoi de 1872 :

D'après la notice manuscrite : Ecole de Sienne, *La Vierge de Sienne.* D'après M. Deguerne : *La Vierge, l'Enfant et deux anges musiciens* ; bois ; h. 0,53 ; l. 0,40. — Reiset : n° 79, école de Sienne, commencement du xv° siècle ; *La Vierge en buste tient devant elle l'Enfant Jésus debout, qui passe ses bras autour du cou de sa mère ; à droite et à gauche deux anges, l'un jouant de la mandoline, l'autre du tambourin* ; bois ; h. 0,55 ; l. 0,43. — Cornu : n° 76 ; Giottesque siennois ou florentin ; *La Vierge assise avec l'Enfant sur ses genoux ; aux deux côtés, deux anges qui jouent des instruments* ; panneau ; mêmes dimensions que dans la notice de Reiset.

Envoi de 1876 :

D'après la notice manuscrite : Ecole de Sienne, *La Vierge de Miséricorde debout.* D'après M. Deguerne : même titre ; bois ; h. 0,39 ; l. 0,30 ; nombreux personnages. — Reiset : n° 82 ; *La Vierge de Miséricorde debout, tenant l'Enfant Jésus,* etc. ; bois ; h. 0,39 ; l. 0,33. — Cornu : n° 144 ; époque de Simon Memmi ; *La Vierge de la Miséricorde accueillant sous sa protection une multitude de personnes* ; panneau ; h. 0,40 ; l. 0,34. — Ce tableau est reproduit ici (figure 1).

CÉRAMIQUE. — Les Archives départementales possèdent une lettre relative à un envoi de l'État, en février 1875, que ne mentionne pas la notice manuscrite de l'Hôtel de Ville :

Céramique.

2 œnochoés, terre noire, collection Campana ;

2 olpés, terre noire, collection Campana ;

3 canthares, terre noire, collection Campana ;

1 cylix archaïque, terre noire, collection Campana ;

1 prochoï vernissé avec ornements, terre noire, collection Campana.

Soit 9 objets provenant de la collection Campana. Le même envoi comprenait, en outre, 1 cylix, 2 plats vernissés, 1 vase à une anse, terre rouge, 1 vase fusiforme, 1 aryballe vernissé avec ornements, 1 vase de terre commune à une anse, 3 petites amphores, dont la provenance n'est pas indiquée.

3° MUSÉE D'AVRANCHES. — Renseignements communiqués par M. Dalleinne.

Le musée d'Avranches était installé dans le même édifice que le Palais de Justice. Ils ont été entièrement détruits l'un et l'autre par un violent incendie, le 17 décembre 1899. M. Armand Gasté a publié un extrait du catalogue des œuvres perdues, sous ce titre : *Incendie du Musée d'Avranches, catalogue des tableaux, dessins et sculptures*, dans le *Bulletin de la Société des Beaux-Arts de Caen*, tome X (1901), p. 419-434.

Le musée ne possédait aucun tableau provenant de la collection Campana.

CÉRAMIQUE et BRONZE. — La ville d'Avranches avait reçu, en février 1875, un lot d'objets antiques, maintenant détruits, dont la lettre d'envoi est aux Archives départementales.

Céramique.

2 œnochés, terre noire, collection Campana ;
1 olpé, terre noire, collection Campana ;
3 canthares, terre noire, collection Campana ;
1 cylix archaïque, terre noire, collection Campana ;
1 prochoï vernissé avec ornements, terre noire, collection Campana ;
Soit 8 objets provenant de la collection Campana. Le même envoi comprenait, en outre, 1 cylix, 2 plats vernissés, 2 lampes, 8 aryballes, 1 vase de terre commune à une anse, 2 petites amphores, dont la provenance n'est pas indiquée, et enfin :

Bronze.

1 miroir, collection Campana.

4° MUSÉE DE COUTANCES. — Renseignements communiqués par M. Lepetit, professeur de dessin au lycée, conservateur du musée.

Il existe un catalogue du musée de Coutances, sous ce titre : *Ville de Coutances; Musée de peinture, sculpture et dessins;*

Coutances, Salettes, libraire-éditeur ; préface datée du 9 janvier 1886 et signée de L. Quesnel, conservateur du musée.

Le musée de Coutances ne possède pas de peintures ni de sculptures provenant de la collection Campana.

CÉRAMIQUE. — Envoi de 1875 ; vingt-huit pièces portant des étiquettes avec numéros. En voici la liste, d'après M. Lepetit :

N° 1130, couvercle ; n. 423, vase ; n. 767, plat ; n. 1293, vase ; n. 873, vase ; n. 672, vase ; n. 1306, vase; n. 146, vase ; n. 823, vase ; n. 268, vase ; n. 1219, vase ; n. 525, vase ; n. 1643, fragment de plat ; n. 769, plat ; n. 422, vase ; n. 471, vase ; n. 907, vase ; n. 410, vase ; n. 1386, vase ; n. 1069 vase ; n. 1411, vase; n. 1207 vase ; n. 1317, vase ; n. 10, vase ; n. 847, vase ; n. 1580, vase ; autre vase sans étiquette ; n. 541, vase.

Cet envoi est analogue à ceux qui ont été faits à la même date aux musées de Cherbourg et d'Avranches ; il est très probable qu'une dizaine de ces pièces ont fait partie jadis de la collection Campana.

<h3 style="text-align:center">2° DÉPARTEMENT DU CAVALDOS[1].</h3>

1° MUSÉE DE CAEN. — Renseignements communiqués par M. Menegoz, professeur de dessin au lycée, conservateur du musée. Les trois photographies de tableaux que nous reproduisons (fig. 2 et planche I) ont été faites, pour les collections archéologiques de l'Université, par M. Demerliac, professeur au lycée et à l'École de Médecine.

La dernière édition du *Catalogue du musée de Caen*, par Mancel, continué par les conservateurs suivants, a paru à Caen en 1899 ; on la doit à M. Menegoz. M. F. Engerand a publié une *Histoire du musée de Caen*, d'après les pièces conservées aux Archives communales et départementales, dans le *Bulletin de la Société des Beaux-Arts de Caen*, tome X (1897), p. 77-148.

PEINTURES. — Il résulte des indications données par les différentes éditions du *Catalogue* et par l'*Histoire* de M. Engerand (*loc. cit.*, p. 128, 133, 134), ainsi que des pièces officielles conservées dans les Archives départementales et communales, que le musée de Caen a reçu en trois fois 10 tableaux Campana[2].

1. Je dois à M. Sauvage, élève à l'École des Chartes, la copie des documents des Archives départementales concernant les envois faits aux musées de Caen et de Bayeux en 1863.
2. Par une chance extraordinaire, ces peintures et le fameux *Sposalizio* attri-

Envoi de 1863 : six tableaux, d'après Clément de Ris. On les retrouve sur le catalogue. La copie de la lettre d'envoi est aux Archives départementales.

P. 1. du catalogue, n° 3. Vitale de Bologne. *Madone*. Panneau rond. Dia-

Fig. 2. — La Vierge avec l'Enfant. (Ancienne collection Campana.) Musée de Caen.

bué au Pérugin — ou au Spagna — n'ont pas eu à souffrir de l'incendie qui, dans la nuit du 3 au 4 novembre 1905, a détruit 8 tableaux et une statue et plus ou moins gravement endommagé une douzaine d'autres tableaux (voir la *Chronique des Arts*, 1905, p. 286 et p. 294-295 et la note de M. H. Prentout dans le

mètre : 0,83. — Cornu : n° 313. *La Vierge avec l'Enfant, le petit Saint Jean et un ange* ; mêmes attributions et dimensions. — Ce tableau est reproduit ici (figure 2).

P. 2, n° 4. Nicolo Alunno. *Saint Paul et Saint Nicolas.* Panneau. H. 0,31 ; l. 0,38. — Cornu : n° 369 ; mêmes attributions, titre et dimensions.

P. 7, n° 13. D'après Léonard de Vinci. *La Vierge aux Rochers.* Panneau. H. 0,59 ; l. 0,46. — Cornu : n° 519 ; Leonardo da Vinci ; mêmes titre et dimensions.

P. 20, n° 56. Pietro Liberi. *Vénus, les Grâces et les Amours.* H. 1,49 ; l. 1,02. — Cornu : n° 513 ; toile ; mêmes attributions, titre et dimensions.

P. 21, n° 59. Elisabeth Sirani. *Son portrait, par elle-même.* Ovale. H. 1,13 : l. 0,90. — Cornu : n° 568 ; toile ; mêmes attributions, titre et dimensions. — Ce tableau ne figure plus dans les galeries du musée ; il est déposé au Cercle militaire.

P. 45, n° 107. Antoine van Dyck. *Jésus couronné d'épines.* Panneau. H. 0,55 ; l. 0,42. — Cornu : n° 612 ; mêmes attributions, titre et dimensions.

Envoi de 1872 : trois tableaux.

P. 1, n° 1. École byzantine. *Saint Théodore.* Panneau. H. 0,42 ; l. 0,32. — Reiset : n° 5 ; tableau de style byzantin ; même titre ; h. 0,43 ; l. 0,32. — Cornu : n° 12 ; *Saint Théodore à cheval* ; panneau, fond d'or ; h. 0,42 ; l. 0,31.

P. 1, n° 2. École byzantine. *Saint Démétrius.* Panneau. H. 0,42 ; l. 0,32. — Reiset : n° 6 ; tableau de style byzantin ; même titre ; h. 0,43 ; l. 0,34. — Cornu : n° 10 ; *Saint Démétrius* à cheval ; panneau, fond d'or ; h. 0,42 ; l. 0,31.

P. 4, n° 7. Lorenzo Pietro, dit il Vecchietta. *L'Annonciation.* Panneau. H. 1,55 ; l. 1.55. — Reiset : n° 85 ; écoles d'Italie, commencement du xv° siècle ; mêmes titre et dimensions. — Cornu : n° 209 ; Lorenzo di Pietro ; mêmes titre et dimensions. — Ce tableau est reproduit à la planche I, dans la *Revue* de janvier-février. Mme Mary Logan (*Chronique des Arts*, 1896, p. 328, *Notes sur*

numéro de mars 1906 de la revue *Musées et monuments de France*). Mais il ne faut pas se dissimuler que le musée de Caen tout entier subira fatalement un jour ou l'autre le sort du musée d'Avranches, si l'on ne se décide enfin à le mieux loger. Il est installé actuellement, ainsi que la collection Mancel et la Bibliothèque municipale, dans le même édifice que l'Hôtel de Ville, avec ses salles de fêtes et de concerts, le bureau central des Postes et Télégraphes, la Justice de paix et son greffe, le Conservatoire de musique, l'École municipale des Beaux-Arts, une école communale, etc. Le chauffage et l'éclairage de ces différents établissements exposent le musée, la collection Mancel et la Bibliothèque à un danger permanent d'incendie. L'État et la municipalité devraient faire les frais nécessaires pour les installer ailleurs ; sinon, ils sont condamnés à une ruine certaine. Il paraît que l'incendie de novembre 1905 a ému les autorités compétentes. Un projet de construction d'un musée nouveau, absolument indépendant, est à l'étude. Puisse-t-il bientôt aboutir !

les œuvres des maîtres italiens dans les musées de province) l'attribue à l'école
de Cosimo Rosselli.

Envoi de 1875 : un tableau.

P. 5, n° 9. Vittore Carpaccio. *La Sainte Famille*. Panneau. H. 0,96 ; l. 1,25.
On lit dans le bas, à gauche, l'inscription suivante :

A Victore Carpathio ficti.

— Reiset : n° 171 ; même attribution ; *Sainte Famille dans un paysage* ;
bois ; mêmes dimensions. — Cornu : n° 278 ; même attribution ; *La Vierge,
l'Enfant, Saint Jean, quelques saints et saintes avec un fond de paysage*; panneau ; h. 0,98 ; l. 1,27. — Ce tableau est reproduit, comme le précédent, à la
planche I. C'est le plus connu des tableaux Campana du musée de Caen ; il a
été étudié par Crowe et Cavalcaselle (*Geschichte der italienischen Malerei*, trad.
M. Jordan, Leipzig, 1873, V, p. 218), par Mme Mary Logan (*loc. cit.*), et, en
dernier lieu, par MM. G. Ludwig et P. Molmenti (*Vittore Carpaccio, la vita ed
le opere*, Milan, 1905), qui en donnent une photographie (à la p. 268)[1].

SCULPTURES ET CÉRAMIQUE. — En 1903 M. Menegoz a découvert
dans un placard du musée, dont l'existence même était entièrement ignorée, un lot d'une centaine d'objets antiques. Personne
au musée ne savait à quelle époque ni par quelle voie cette
petite collection était arrivée à Caen. Les articles de M. Salomon
Reinach m'amenèrent à penser, au mois de juin 1905, que nous
avions là sous les yeux une série de pièces ayant appartenu à la
collection Campana. M. Pottier, aussitôt consulté, me fit savoir
que le Louvre n'avait rien adressé à Caen lors de la dernière
distribution d'antiquités Campana, faite en 1893-1895. L'envoi
ne pouvait être que de 1875 ou de 1863. J'ai retrouvé en effet aux
Archives communales, dans le registre *Copie de lettres de 1863*,
sous le n° 234, une lettre adressée le 8 avril de cette année par

1. M. J. Cauvet (professeur à la Faculté de droit de Caen de 1853 à 1884),
dans son article sur *Les anciennes écoles italiennes au musée Campana* (*Mémoires de l'Académie de Caen*, 1863, p. 46-65), fait un grand éloge de la *Sainte
Famille* de Carpaccio, dont il vante « l'originalité des expressions, la vigueur
du paysage, l'accentuation rude et forte » (p. 56). Tout cet article témoigne
d'une vive et intelligente sympathie, bien rare à cette époque, pour l'art italien
primitif. Peut-être les sentiments de M. Cauvet à l'égard du Carpaccio ont-ils
contribué à le faire attribuer au musée de Caen par M. de Chennevières, qui
avait chargé personnellement M. de Beaurepaire « de porter cette bonne nou-
velle à la municipalité caennaise ». (F. Engerand, *loc. cit.*, p. 134)..

la municipalité au préfet du Calvados, pour lui accuser réception
« des objets d'art provenant de la collection Campana accordés à
la ville de Caen par Son Excellence le Ministre d'État ». Il s'agit
d'objets d'art, c'est-à-dire d'antiques et non pas de peintures, car

Fig. 3. — Statue d'Amour tenant une torche. (Ancienne collection Campana.)
Musée de Caen.

une autre lettre du même registre, à la date du 4 mars 1863, accuse
réception « des tableaux provenant de la collection Campana
donnés à la ville de Caen ». Depuis quarante deux-ans, les antiques destinés par l'administration des Beaux-Arts à être exposés
au musée de Caen gisent ensevelis sous la poussière dans un
placard inaccessible.

Une notice descriptive accompagnait certainement l'envoi fait
à Caen en 1863, comme ceux que reçurent à la même date Evreux,
Bernay et Rouen ; elle avait été rédigée sans doute par M. Froeh-
ner, bien que celui-ci ne nomme pas Caen parmi les 49 villes dont
il se souvienne. Cette notice a disparu ; on l'a vainement recher-
chée aux Archives départementales et communales. Il est possible
cependant de la reconstituer dans ses grandes lignes, en se

Fig. 4. — Tête de Vénus et tête virile. (Ancienne collection Campana.)
Musée de Caen.

reportant aux notices d'Evreux, de Bernay et de Rouen; elles de-
vaient reproduire toutes les quatre les mêmes divisions caractéristiques. Les objets ont conservé presque tous trois étiquettes :
l'une rectangulaire à liséré bleu, avec un numéro écrit à la main,
la seconde ovale à liséré bleu, avec un numéro écrit à la main,
la troisième rectangulaire sans liséré, avec un numéro imprimé ;
les deux premières rappellent les chiffres d'inventaire attribués
à ces pièces dans l'ancienne collection Campana et à l'exposition
du musée Napoléon III; la dernière se rapporte à la numérotation
particulière de l'envoi de Caen : les vases et les terres cuites ont
reçu les numéros 1 à 93; les marbres étaient inscrits à la suite.
Le nettoyage et le récolement de toute la série n'ont pu encore

être opérés. Voici du moins la liste sommaire et provisoire des pièces, rangées par catégories :

POTERIE ÉTRUSQUE

Un grand dolium cannelé en terre cuite.

Vases de pâte noire.

Une douzaine d'œnochoés, d'amphores et de lécythes.
N° 14 (comme à Rouen). Coupe à quatre supports ornementés.
Quelques canthares et cotyles.

Vases peints de la décadence.

Plusieurs pièces décorées de sujets divers ; notamment n° 28 : œnochoé avec scène de mystères.

VASES GRECS.

Vases d'ancien style.

Une quinzaine d'aryballes, d'alabastres et de cotyles, de style phénico-corinthien.

Vases à figures noires.

Plusieurs amphores et œnochoés. Sur le n° 55, char et satyres.

Vases à figures rouges.

Amphores, lécythes, cotyles, patères.

Poterie rouge vernissée.

OEnochoés et patères.

TERRES CUITES.

N° 82. Lampe.
N° 83. Lampe.
N° 84. Urne cinéraire étrusque : scène de combat.
N° 85. Bas-relief : Méduse, génie ailé, dauphin.
N° 86. Bas-relief : Mars et Vénus.
N° 87. Grande tête de Faune ou de jeune homme.
N° 88, 89, 91. Petites têtes de femme, ex votos (le n° 90 manque ; ce devait être une quatrième tête analogue).
N° 92. Statue féminine drapée.
N° 93. Pied, ex-voto.

MARBRES.

Statue d'Amour tenant une torche. — Cf. *Cataloghi Campana*, série VII, p. 1, n° 21 : « Cupido con face in mano, statua al vero ». — Cette statue est reproduite ici (figure 3).
Tête de Vénus.

Tête virile de basse époque.

Notre figure 4 reproduit les deux têtes ; l'authenticité de la Vénus paraît suspecte.

2° MUSÉE DE BAYEUX. — Renseignements communiqués par M. G. Verdier, professeur de dessin au collège, conservateur du musée.

Il existe un catalogue provisoire du musée de Bayeux, tiré à un petit nombre d'exemplaires, sous ce titre : *Essai d'un catalogue du musée de Bayeux*, par le bibliophile Ésaü (Roger de Gomiécourt), Bayeux, Auvray, 1901.

PEINTURES. — Envoi de 1863 : trois tableaux, d'après Clément de Ris. L'*Essai* les indique, comme provenant de la collection Campana, sans date de réception. La copie de la lettre d'envoi est aux Archives départementales.

P. 16 du catalogue. École italienne du xvii° siècle. *La mort de Cléopâtre*. Bois. H. 0,87 ; l. 1,20. — Cornu : n° 521 ; Cesare da Sesto ; même titre ; panneau ; h. 1,85 ; l. 1,14. — M. Verdier attribuerait plutôt cette œuvre à l'école vénitienne (Bonifazio ?)[1].

P. 19. École italienne du xv° siècle. *Descente de croix*. Bois, sur fond or. H. 0,43 ; l. 0,45. — Cornu : n° 371 ; Nicola Alunno ; *Pieta* ; panneau ; h. 0,45 ; l. 0,45. — Ce tableau est déposé actuellement dans une des salles de la Bibliothèque de Bayeux. Mme Mary Logan (*loc. cit.*) l'attribue à Niccolo de Foligno.

P. 21. École italienne du xv° siècle. *La Vierge dans un cadre que tient le Christ, entourée de quatorze saintes nimbées d'or* (sic). Bois. H. 1,20 ; l. 0,87. — Cornu : n° 104 ; Puccio Capanna ; *La Vierge avec l'Enfant Jésus dans une gloire d'anges* ; panneau ; h. 1,20 ; l. 0,86. — Ce tableau est déposé à la Bibliothèque. Mme Mary Logan (*loc. cit.*) y voit une œuvre de jeunesse de Sano di Pietro.

Envoi de 1872 :

P. 44. École italienne du xv° siècle. *Saint Jean et un évêque*. Bois, détrempe, fond d'or. H. 0,74 ; l. 0,72 (en réalité, d'après M. Verdier, 0,62). — Reiset : n° 200 ; écoles d'Italie, fin du xv° siècle ; *Saint Louis, évêque de Toulouse et saint Jean-Baptiste, tous deux debout* ; bois ; h. 0,74 ; l. 0,62. — Cornu : n° 295 ; ancien peintre ferrarais inconnu ; *Saint Jean-Baptiste et un saint évêque* ; panneau ; mêmes dimensions que dans la notice de Reiset.

Ibid. École italienne primitive du commencement du xv° siècle. *Adoration des mages*. Bois. H. 0,20 ; l. 0,71 (0,74, d'après M. Verdier). — Paraît correspondre au n° 146 de Reiset ; écoles d'Italie, xv° siècle ; même titre ; bois ;

____

1. M. Cauvet, *loc. cit.*, p. 58, note que le peintre « a su rendre admirablement le caractère froid et cauteleux d'Auguste ».

h. 0,25 ; l. 1,18 (en comprenant le cadre ?), — qui est le n° 296 de Cornu : Zanobi Strozzi, *La Crèche et l'Adoration des Mages* ; panneau ; h. 0,25 ; l. 1,17. — Ce tableau est déposé dans une des salles de l'Hôtel-de-Ville, qui sert aux réunions des sociétés savantes.

Fig. 5. — La Vierge d'Antonio de Calvis.
(Ancienne Collection Campana). Musée de Lisieux.

Envoi de 1876 :

P. 32. Attribué à Taddeo dit Bartolo (*sic*). *Saint Jean-Baptiste tenant une banderolle à la main.* Bois, sur fond d'or. H. 0,65 ; l. 0,35. — Reiset : n° 57 ; école de Sienne, xiv° siècle ; *saint Jean-Baptiste debout, vu à mi-corps, tenant une banderolle sur laquelle on lit : Ecce agnus Dei* ; bois, forme cintrée du haut ;

h. 0,65; l. 0,33. — Cornu : n° 105 ; Taddeo di Bartolo ; *Saint Jean-Baptiste* panneau ; h. 0,52 ; l. 0,25. — Ce tableau est déposé à la Bibliothèque.

3° MUSÉE DE VIRE. — Renseignements communiqués par M. Butet-Hamel, conservateur du musée.

Il existe un *Catalogue sommaire du musée de Vire*, resté manuscrit, rédigé vers 1886-1890 par M. Frédérique, fondateur et premier conservateur du musée. M. Armand Gasté en a donné un extrait dans un article intitulé *Le Musée de Vire*, qu'a publié le *Bulletin de la Société des Beaux-Arts de Caen*, tome IX (1896), p. 177-188.

Le musée de Vire ne possède aucun tableau qui ait appartenu à la collection Campana.

CÉRAMIQUE. — Une lettre du sous-préfet de Vire, datée du 17 février 1875, informe le maire que le Ministre de l'Instruction Publique et des Beaux-Arts vient d'accorder au musée de la ville les objets d'art suivants, provenant de la collection Campana :

Céramique.

2 œnochoés, terre noire.
1 olpé, terre noire.
3 canthares, terre noire.
1 prochoï vernissé avec ornements.

Bronze.

1 miroir.

4° MUSÉE DE LISIEUX. — Ce musée est décrit dans l'*Inventaire général des richesses d'art de la France* (voir ci-dessus, p. 41). Il possède le tableau qui porte le n° 192 de Reiset, n° 379 de Cornu, et que reproduit la figure 5. MM. L. Dimier, P. Durrieu et F. de Mély se sont occupés du primitif italien du musée de Lisieux, dans la *Chronique des Arts* de 1894, p. 308-309, 318-319, 326-327.

3° DÉPARTEMENT DE L'ORNE.

1° MUSÉE D'ALENÇON. — Renseignements communiqués par M. Dubois, professeur au lycée, et par M. Duval, archiviste départemental.

Il n'y a pas de catalogue imprimé du musée d'Alençon.

PEINTURES. — Envoi de 1863 : trois tableaux, d'après Clément de Ris ; la lettre d'envoi est aux Archives départementales.

N° 404 de Cornu. Époque de Pietro Perugino. *Le mariage de sainte Catherine*. Panneau. H. 0,76 ; l. 0,22.

N° 418. Le Spagna. *La Vierge, l'Enfant Jésus et le petit saint Jean*. Panneau. H. 0,33 ; l. 0,27.

N° 595, Joseph Ribera. *Jésus portant la croix*. Toile. H. 1,10 ; l. 1,47.

Envoi de 1872 : les Archives départementales possèdent une lettre annonçant l'expédition de cinq tableaux provenant des collections du Louvre ; l'un d'eux avait appartenu à la collection Campana :

N° 201 de Reiset. Écoles d'Italie, fin du xve siècle. *La Vierge, assise et les mains jointes, adore l'Enfant Jésus posé sur ses genoux. A gauche un ange, à droite un saint religieux tenant des verges.* Bois, forme cintrée du haut. H. 0,66 ; l. 0,41. — Cornu : n° 403 ; époque de Pietro Perugino ; *Sainte Famille, la Vierge avec l'Enfant sur les genoux et saint Antoine abbé en adoration* ; panneau ; mêmes dimensions.

CÉRAMIQUE. — Le musée d'histoire naturelle d'Alençon, installé, comme le musée de peinture, dans les bâtiments de l'Hôtel-de-Ville, possède un lot d'une cinquantaine de vases antiques, que m'a signalés M. Dubois, et qui, d'après ses indications, proviennent évidemment de la collection Campana. Ces objets ne sont pas mentionnés dans les pièces des Archives départementales. Il n'en existe pas de notice descriptive. Leur étude même est, en ce moment, à peu près impossible. A la suite d'un commencement d'incendie, on a transféré provisoirement le musée d'histoire naturelle au rez-de-chaussée de la Bibliothèque[1]. M. Dubois s'est fait ouvrir cependant quelques vitrines. Les vases sont munis d'une double série d'étiquettes, les unes blanches à filet bleu avec une numérotion discontinue, les autres blanches avec une numération continue (comme à Caen) ; ils portent, en outre, sur leurs étiquettes des noms caractéristiques (œnochoés, aryballes, cotyles, etc.), copiés sur la lettre d'envoi ; plusieurs d'entre eux, d'assez grandes dimensions, sont ornés de peintures. Ce lot de céramique, tout à fait analogue à ceux qu'ont reçus en 1863 les musées de Caen, d'Evreux, de Bernay et de Rouen, doit avoir la même origine et dater de la même année.

2° MUSÉE D'ARGENTAN. — Renseignements communiqués par M. Duval.

1. Nous ne pouvons que répéter ici ce que nous avons dit précédemment à propos du musée de Caen. Dans l'espace de six années, trois incendies, provoqués par l'insuffisance des installations, ont détruit le musée d'Avranches et gravement atteint ceux de Caen et d'Alençon. Il importe de prévenir au plus tôt le retour inévitable de ces accidents.

Céramique. — Envoi de 1875, annoncé par une lettre du directeur des Beaux-Arts en date du 18 juin.

Céramique.

2 œnochoés, terre noire, collection Campana.

1 olpé, terre noire, collection Campana.

3 canthares, terre noire, collection Campana.

1 cylix archaïque, terre noire, collection Campana.

1 prochoï vernissé avec ornement, terre noire, collection Campana.

Soit 8 objets provenant de la collection Campana (comme à Avranches).

Le même envoi comprenait, en outre :

1 lépasthe, 2 plats vernissés, 1 vase fusiforme, 1 vase à une anse, 1 vase ovoïde, terre rouge, 1 vase à une anse, forme olpé, 2 aryballes vernissés, 1 lampe, 1 scyphos, 8 aryballes, 1 vase de terre commune à une anse, 8 petites amphores, dont la provenance n'est pas indiquée.

4° DÉPARTEMENT DE L'EURE[1].

1° MUSÉE D'EVREUX. — **Renseignements communiqués par M. Chassant, conservateur du musée, et par M. Hip. Leitz, professeur au lycée, ancien étudiant de la Faculté des Lettres de Caen.**

Il n'existe pas de catalogue imprimé du musée d'Evreux.

PEINTURES. — Envoi de 1863 : trois tableaux, d'après Clément de Ris. — Copie de la lettre d'envoi :

N° 87 de Cornu : Giottesque siennois et florentin (*sic*). *La Vierge sur un trône, avec Jésus enfant assis sur ses genoux.* Panneau rond ; diamètre : 0,64.

N° 107. Paolo di Nesso. *La Vierge assise tenant l'Enfant Jésus sur ses genoux*; panneau ; h. 1,26 ; l. 1,49. — D'après Cornu « sur la base du trône est écrit : *Paulus de Nisso* ».

N° 592. Andrea Sacchi. *Saint François en extase.* Panneau. N. 0,95 ; l. 0,47.

SCULPTURES et CÉRAMIQUE. — Le musée d'Evreux a reçu, en 1863, un lot de 76 pièces (vases, terres cuites et marbres) numérotées de 1 à 76, provenant de la collection Campana. La lettre d'envoi en donne la description par ordre méthodique :

---

1. Je dois à M. G. Besnier, archiviste de l'Eure, copie des documents des Archives départementales concernant les envois faits aux musées d'Evreux et de Bernay en 1863.

Vases étrusques.

Poterie de pâte noire. Haute antiquité.

Nᵒˢ 1 à 7. OEnochoés.

Nᵒ 8. Scyphus à une anse.

Nᵒ 9. Petite amphore (amphoridion).

Nᵒ 10. Cyathis.

Nᵒˢ 11 et 12. Holmos.

Nᵒˢ 13 et 14. Canthares.

Nᵒˢ 15 et 16. Cotyles.

Vases peints de la décadence.

Nᵒ 17. Amphore : *a*) génie des mystères ; *b*) une femme portant le tambourin s'approche d'un petit autel.

Nᵒ 18. OEnochoé : colombe.

Nᵒˢ 19 et 20. OEnochoés : éphèbe drapé.

Nᵒˢ 21 et 22. OEnochoés, décorées de feuillage.

Vases grecs.

Vases d'ancien style. — Style phénico-corinthien.

Nᵒˢ 23 à 27. Bombylios.

Nᵒˢ 28 à 33. Cotylisques.

Nᵒˢ 34 à 38. Aryballes.

Vases à figures noires.

Nᵒ 39. OEnochoé : cavalier.

Nᵒ 40. Coupe. A l'intérieur, tête de Méduse ; au revers, Bacchus et Satyre dansant ; grands yeux d'animaux.

Vases à figures rouges.

Nᵒ 41. Amphore : homme portant une outre et une amphore à vin.

Nᵒ 42. Lécythus : palestrites.

Nᵒ 43. Cotyle : chouettes.

Nᵒ 44. Cotyle décoré de pampres.

Nᵒ 45. Cotyle décoré d'oves.

Nᵒˢ 46 et 47. Patères : tête de déesse diadémée.

Nᵒ 48. Patère à bord recourbé.

Poterie rouge vernissée.

Nᵒˢ 49 à 51. OEnochoés.

Nᵒˢ 52 à 62. Patères avec ou sans anses.

Terres cuites.

Nᵒ 63. Lampe en forme de masque.

N° 64. Lampe à anse.

N° 65. Urne cinéraire étrusque : Echetlus, armé d'un soc de charrue, combat les Persans à Marathon.

N° 66. Bas-relief : Thésée combattant Antiope, reine des Amazones.

N° 67. Statuette de Vénus tenant une colombe.

N° 68. Femme drapée.

N°ˢ 69 à 72. Têtes de femmes.

MARBRES.

N° 73. Petite statue d'enfant romain.

N° 74. Autre petite statue d'enfant romain [1].

N° 75. Médaillon représentant un Romain.

N° 76. Urne cinéraire cannelée.

(A Montpellier et à Rouen, une urne cannelée figure parmi les poteries étrusques et non parmi les marbres).

2° MUSÉE DE BERNAY. — Renseignements communiqués par MM. Guillemette, professeur au collège, conservateur du musée, Desains, professeur de dessin au collège, Ch. Gaubert, étudiant de la Faculté des Lettres de Caen.

Il existe un catalogue manuscrit du musée de Bernay, par M. Desains.

PEINTURES. — Envoi de 1863 : trois tableaux, d'après Clément de Ris. Ce sont, d'après la lettre d'envoi :

N° 91 de Cornu. Giottesque siennois ou florentin. *La Madone avec l'Enfant qui tient dans la main un chardonneret.* Bois, H. 0,83; l. 0,36.

N° 588. Carlo Cignani. *La Charité.* Toile. H. 1,36 ; l, 1,04.

Sans numéro ni nom d'auteur. *Paysage.* Panneau. Pas de dimensions indiquées. Il nous a été impossible de retrouver ce tableau au musée et de savoir à quel numéro du catalogue de Cornu il correspond.

Envoi de 1873 :

École florentine du xvᵉ siècle. *Évêque terrassant des soldats.* Bois. H. 0,40; l. 0,43. — Reiset : n° 203; écoles d'Italie, fin du xvᵉ siècle ; *Un saint évêque à cheval, armé d'étrivières, terrasse trois soldats épouvantés ; il est suivi d'un clerc portant la croix;* bois; h. 0,41; l. 0,43. — Cornu: n° 193; manière de Masaccio; *Saint Augustin;* panneau : h. 0,41; l. 0,43; « le saint docteur armé d'étri-

1. Cf. *Cataloghi Campana, serie VII,* p. 4, n° 130 : « Annio Vero fanciullo, statua al vero, con bulla al collo »; et n° 138 : « Giovane con bulla creduto Nerone fanciullo ».

vières, sur un cheval qui court, frappe et renverse quelques musulmans qui, symbolisent l'hérésie ».

Envoi de 1876 :

École d'Italie du xvii° siècle. *Jeune femme assise et trois enfants.* Toile. H. 1,15 ; l. 1,50. — Reiset : n° 254 ; même attribution ; *Une jeune femme assise, considère ses deux enfants,* etc.; toile, forme ovale ; h. 1,10 ; l. 1,47. — Cornu : n° 597 ; Giovanni Nunnez ; *L'Amour maternel* ; toile ; mêmes dimensions que dans la notice de Reiset.

SCULPTURE. — Le musée de Bernay possède le moulage en plâtre d'une statue antique représentant un enfant qui joue de la flûte ; d'après une annotation manuscrite à la copie de la lettre mentionnant l'envoi de 1863, l'original de ce moulage aurait appartenu aussi à la collection Campana.

CÉRAMIQUE. — Envoi de 1863 : 65 pièces, numérotées de 1 à 65. La lettre d'envoi est conservée aux Archives départementales. Elle est ainsi conçue :

VASES ÉTRUSQUES.

Poterie de pâte noire, haute antiquité.

Nos 1 à 5. OEnochoés.

No 6. Amphoridion.

Nos 7 et 8. Scyphus à une anse.

No 9. Holmos.

Nos 10 et 11. Canthares.

Nos 12 et 13. Cotyles.

Vases peints de la décadence.

Nos 14 à 19. OEnochoés.

Nos 20 et 21. Patères : tête de déesse diadémée.

VASES GRECS.

No 22. Tasse sans anse (phiale).

Nos 23 à 30. Cotylisques, *style phénico-corinthien.*

Nos 31 à 34. Aryballes,   id.

Nos 35 à 39. Bombylios,   id.

Vases à figures noires.

No 40. Olpé : hoplite.

No 41. Lecythus : cavalier et homme barbu.

No 42. Lecythus : palestrites.

Vases à figures rouges.

No 43. Stamnos : bacchantes.

No 44. Cotyle : chouettes.

No 45. Coupe : palestrites.

Poterie vernissée.

N° 46. OEnochoé.

N°ˢ 47 et 48. Lecythus.

N° 49. Cotyle.

N°ˢ 50 à 60. Poteries avec et sans anses.

N° 61. Tasse sans anse.

TERRES CUITES.

N°ˢ 62 et 63. Lampes.

N° 64. Lampes à deux becs en forme d'un autel.

N° 65. Urne cinéraire étrusque : Echetlus, armé d'un soc de charrue, combat les Persans à Marathon.

Envoi de 1875 : dix-huit pièces (dont un miroir en bronze), portant des étiquettes et énumérées dans la lettre d'envoi :

N° 676, plat vernissé ; n° 723, miroir en bronze ; n° 1037, lampe ; n° 828, amphore (Kertch) ; n° 1145, aryballe ; n° 1507, vase fusiforme ; n° 1405, cotylisque ; n° 1144, aryballe ; n° 1436, cotylisque ; n° 1026, lampe ; n° 209, scyphus ; n° 125, œnochoé ; n° 126, œnochoé ; n° 701, scyphus ; n° 416, canthare ; n° 417, canthare ; n° 418, canthare ; n° 583, œnochoé.

Comme à Cherbourg, Avranches, Coutances, Vire, Argentan, une partie de ce lot, sinon le lot tout entier, avait appartenu précédemment à la collection Campana.

5° DÉPARTEMENT DE LA SEINE-INFÉRIEURE[1].

1° ROUEN : MUSÉE DE PEINTURE. — Renseignements communiqués par M. l'abbé Touflet, professeur à l'Institution Join-Lambert, étudiant de la Faculté des Lettres de Caen.

La dernière édition du *Catalogue des ouvrages de peinture, dessin, sculpture et architecture du musée de Rouen*, par M. Edm. Lebel, conservateur du musée, a paru en 1890, chez J. Lecerf, à Rouen ; elle est épuisée. M. P. Lafond a publié en 1905, dans la collection *Les Musées de France*, à la librairie Larousse, une notice sur *Le Musée de Rouen* (96 pages et 35 gravures). Le *Catalogue*, non plus que le registre d'entrée, ne fait aucune mention

1. M. Chevreux, archiviste de la Seine-Inférieure, a mis à la disposition de M. l'abbé Touflet les documents des Archives départementales concernant les envois faits à Rouen, au Havre et à Dieppe en 1863, 1872, 1875-1876.

de la collection Campana, mais il signale six tableaux de l'école
italienne, envoyés par l'État en 1863, deux en 1872, un en 1876.
D'autre part les Archives communales, dossier *Musée de peinture,
dons, legs et acquisitions*, possèdent une lettre du Ministre d'État
en 1863 annonçant l'expédition de sept tableaux provenant de la
collection Campana, une lettre du préfet de la Seine-Inférieure
en 1872 annonçant l'expédition de dix-sept tableaux du Louvre,
et la copie d'une lettre de la municipalité au Ministre de l'Instruction publique et des Beaux-Arts en 1876 accusant réception
de deux tableaux de l'école italienne; la copie de la seconde de
ces pièces se trouve également aux Archives départementales.
La comparaison de ces divers documents avec les catalogues de
Cornu et de Reiset permet d'établir que le musée de peinture de
Rouen contient au total onze tableaux Campana.

ENVOI DE 1863 : huit tableaux, d'après Clément de Ris; sept d'après la lettre
d'envoi; six d'après le catalogue du musée de Rouen. Quatre tableaux, décrits
par la lettre d'envoi, sont portés au catalogue comme donnés par l'État en 1863 :

N° 54 du catalogue de Rouen. Botticelli. *La Vierge presse son enfant sur
son sein*. Panneau rond; diamètre : 0,90. — Cornu : n° 203 ; école de Sandro
Botticelli ; même titre ; diamètre : 0,91. — Il existe une photographie de ce
tableau dans la collection Petiton (en vente au musée).

N° 72. Angiolo Bronzino. *Portrait de femme*. Bois. H. 0,56 ; l. 0,43. —
Cornu : n° 478 : mêmes attribution et titre ; panneau, h. 0,36 ; l. 0,43.

N° 499. François Rizzo, dit Rizzo Santa Croce. *Isaac bénissant Jacob à la
place d'Esaü*. Toile. P. 0,54 ; l. 0,72. — Cornu : n° 291 ; Girolamo di Santa
Croce ; même titre ; panneau ; mêmes dimensions. — Ce tableau est reproduit
dans le *Répertoire des peintures du moyen-âge et de la Renaissance*, de
S. Reinach, Paris, 1905, I, p. 2 : mêmes attributions et titre. Photographie
dans la collection Petiton.

N° 500. François Rizzo. *Agar et Ismaël*. Toile. H. 0,54 ; l. 0,72. — Cornu :
n° 290 ; Girolamo di Santa Croce ; même titre ; panneau ; mêmes dimensions.
— Ce tableau est reproduit dans le *Répertoire des peintures*, I, p. 37 : même
attribution ; *l'Annonciation*. Photographie dans la collection Petiton.

D'après Cornu, ces deux derniers tableaux porteraient le monogramme de
l'auteur; en réalité ce monogramme n'est visible que sur le premier d'entre eux.

Un cinquième tableau, décrit également par la lettre d'envoi, n'est pas indiqué par le catalogue comme donné par l'État :

N° 686 du catalogue de Rouen. Pinturicchio (École de). *Vierge glorieuse*.

Bois. H. 1,59 ; l. 1,56. — Cornu : n° 342 ; ancien artiste de l'école ombrienne ; *La Vierge assise sur un trône, tenant couché sur ses genoux l'Enfant Jésus* ; panneau ; h. 1,57 ; l. 1,56.

Les deux derniers tableaux de 1863 sont mentionnés sur la lettre d'envoi sans numéro, nom d'auteur ni dimensions :

1° *Vierge et ange.* — Ce tableau ne figure pas au catalogue de Rouen ; il est relégué dans les réserves, où M. l'abbé Touflet a pu le voir et le mesurer. De la description qu'il m'en a donnée il résulte que c'est le n° 436 de Cornu : école florentine de la fin du xv° siècle ; *Mariage de sainte Catherine* ; panneau ; h. 0,60 ; l. 0,35.

2° *Vierge avec l'Enfant Jésus.* — Catalogue de Rouen : n° 676 ; Inconnu de l'école italienne. *La Vierge avec l'Enfant Jésus.* Bois ; H. 0,50 ; l. 0,42. — Ce tableau n'a que deux personnages : la Vierge tient de la main gauche l'Enfant Jésus debout sur ses genoux ; l'Enfant a dans la main droite un oiseau que tous deux contemplent. Il est difficile de l'identifier ; la collection Campana renfermait plusieurs panneaux de ce genre ; celui dont les dimensions paraîtraient le mieux convenir est le n° 84 de Cornu : Giottesque siennois ou florentin ; *La Vierge avec l'Enfant Jésus qui joue avec un chardonneret qu'il tient dans sa main* ; panneau ; l. 0,45 ; l. 0,33. Mais le tableau de Rouen n'est pas d'un primitif.

Envoi de 1872 (reçu seulement en 1874) ; trois tableaux.

N° 675 du catalogue de Rouen, où, par confusion avec le 7ᵉ tableau de la lettre d'envoi de 1863, il est donné comme envoyé par l'État en 1863 ; Inconnu de l'école italienne. *La Vierge et l'Enfant Jésus.* Bois. H. 1,02 ; l. 0,97 (erreur répétée sur le registre d'entrée et sur le cartouche du panneau). La lettre préfectorale de 1872 lui rend son vrai titre : école de Pinturicchio, *Vierge sous le dais.* — Reiset : n° 182 ; école de Pinturicchio ; *La Vierge assise sous un dais,* etc. ; bois ; h. 1,02 ; l. 0,96. — Cornu : n° 414 ; Bernardino Pinturicchio ; *La Vierge sur un trône enrichi d'or et d'ornements* ; panneau ; h. 1,02 ; l. 0,99.

N° 677. Inconnu de l'école italienne. *Personnages religieux.* Bois. H. 0,84 ; l. 0,57. — Reiset : n° 18 ; école de Giotto ; *Saint Jean-Baptiste et un saint de l'ordre de Saint-François debout ; aux pieds de saint Jean est agenouillé un personnage vêtu de rouge* ; bois ; h. 6,88 ; l. 0,56. — Cornu : n° 103 ; Angiolo Gaddi ; *Deux saints, un personnage florentin prosterné à leurs pieds dans l'attitude de l'adoration* ; panneau ; h. 0,88 ; l. 0,57.

N° 678. Inconnu de l'école italienne. *Personnages religieux.* Bois. H. 0,84 ; l. 0,57. — Reiset : n° 31 ; école de Giotto ; *Deux saints debout, saint Louis, évêque de Toulouse et un des évangélistes ; une religieuse de petite dimension est agenouillée aux pieds de celui-ci* ; bois ; h. 0,87 ; l. 0,57. — Cornu : n° 102 ; Angiolo Gaddi ; *deux saints, une femme prosternée à leurs pieds* ; panneau ; h. 0,88 ; l. 0,57.

Envoi de 1876 :

N° 55 du catalogue de Rouen. Botticelli. *Vestales*. Bois. H. 0,48 ; l. 1,66. — Reiset : n° 168, école de Botticelli ; *La vestale Tucia portant l'eau dans un crible* ; bois ; h. 0,49 ; l. 1,67. — Cornu : n° 222, Pier di Cosimo ; *La vestale Tuzia porte l'eau dans le crible au milieu de ses compagnes* ; panneau ; h. 0,33 ; l. 1,40. — Photographie dans la collection Petiton.

2° ROUEN : MUSÉE D'ANTIQUITÉS. — Renseignements communiqués par M. l'abbé Touflet et par M. de Vesly, conservateur du musée.

Le *Catalogue du musée d'antiquités de Rouen*, par E. B., a paru en 1875, chez Beuderitter, à Rouen : il est épuisé. La préface signale la réception, en 1863, d'un lot de 110 pièces provenant de la collection Campana[1] et divisées en trois classes : les marbres, les terres cuites et les vases. Dans le corps du catalogue, à la page 93, sont mentionnés 88 vases du musée Campana, à savoir 33 vases étrusques et 53 vases grecs ; l'envoi comprenait en réalité 90 vases ; les deux pièces manquantes, oxybaphon (n° 69) et grand pithos cannelé (n° 1), sont l'objet d'une description particulière. Le catalogue décrit aussi en détail les terres cuites, les marbres et les majoliques. Les Archives communales, dossier *Musée de peinture, dons, legs et acquisitions*, possèdent la copie d'une lettre du maire de Rouen au Ministre de l'Instruction publique accusant réception de quatre caisses d'objets d'art provenant de la collection Campana ; une liste des objets reçus s'y trouve jointe ; elle est faite évidemment d'après la notice que M. Frœhner avait rédigée pour la ville de Rouen ; l'ordre suivi dans l'énumération des pièces, étiquetées de 1 à 114 et rangées

1. Ce lot d'antiques avait été adressé d'abord à la ville de Rouen et placé dans les collections municipales de céramique ; sa vraie place était au musée départemental des Antiquités ; en 1866, la ville échangea avec le département ses objets Campana, estimés 4.155 francs, contre une suite de Palissy et une série de faïences de Rouen et autres fabriques estimés 3.955 francs (*Préface* du Catalogue, p. xiii). L'erreur d'envoi de 1863 vient, selon l'auteur du *Catalogue*, de ce que « le Ministre ignorait sans doute que le musée des Antiquités de Rouen était départemental » (*sic*).

méthodiquement, est le même ici qu'à Évreux et à Bernay. Voici la copie de ce document, daté du 1ᵉʳ avril 1863 :

Poterie étrusque.

Nᵒ 1. Grand pithos (*dolium*) cannelé provenant des fouilles de Cervetri. Sur une frise circulaire de ce vase on voit une rangée de chevaux. Cette pièce appartient à la haute antiquité.

Vases de pâte noire.

Nᵒˢ 2 à 8. OEnochoés.

Nᵒ 9. Amphore à anses plates (lions en relief).

Nᵒ 10. Amphoridion.

Nᵒˢ 11 et 12. Scyphus à une anse.

Nᵒ 13. Lecythus.

Nᵒ 14. Coupe à quatre supports ornementés.

Nᵒˢ 15 et 16. Holmos.

Nᵒˢ 17 à 19. Canthares.

Nᵒ 20. Scyathis.

Nᵒˢ 21 à 25. Cotyles de formes différentes.

Vases peints de la décadence.

Nᵒ 26. Kados : scène des mystères.

Nᵒ 27. OEnochoé : mystères bachiques.

Nᵒˢ 28 à 30. OEnochoés.

Nᵒ 31. Cotyle.

Nᵒˢ 32 et 33. Poteries : tête de déesse.

Nᵒ 34. Patère à poissons.

Vases grecs.

Vases d'ancien style. — Style phénico-corinthien.

Nᵒ 35. Petit pithos.

Nᵒˢ 36 à 44. Bombylios.

Nᵒˢ 45 à 48. Aryballes.

Nᵒ 49. Alabastrum.

Nᵒˢ 50 à 56. Cotylisques.

Nᵒˢ 57 et 58. Cotyles.

Nᵒ 59. Petite coupe.

Vases à figures noires.

Nᵒ 60. Amphore : *a*) cavalier suivi d'un oiseau ; *b*) tête de Minerve et chouette.

Nᵒ 61 Olpé : Bacchante.

Nᵒ 62. OEnochoé.

Nᵒ 63. Amphoridion : *a*) femme conduisant un quadrige; *b*) Bacchantes et Satyre.

Vases à figures rouges.

N. 64. Grand cotyle : hommes et femme portant des offrandes.

Nᵒˢ 65 et 66. OEnochoés.

Nᵉ 67. Lécythus.

Nᵒ 68. Lécythus en forme d'une couronne.

Vases vernissés.

Nᵒ 69. Oxybaphon.

Nᵒ 70 à 74. OEnochoés.

Nᵒ 75. Lécythus.

Nᵒ 76. Amphoridion.

Nᵒ 77. Guttus.

N. 78. Lampe ouverte.

Nᵒ 79. Patère à ombilic.

Nᵒˢ 80 à 90. Patères.

TERRES CUITES.

Nᵉ 91. Urne cinéraire étrusque : Etéocle et Polynice (traces de couleurs).

Nᵒ 92. Urne cinéraire étrusque : Echetlus armé d'un soc de charrue combat les Persans à Marathon (traces de couleurs).

Nᵒ 93. Bas-relief : prêtresse devant un candélabre.

Nᵒ 94. Bas-relief : Faunes vendangeurs.

Nᵒ 95. Grande tête de jeune homme.

Nᵒˢ 96 à 98. Têtes de femmes.

Nᵒˢ 99 et 100. Femmes drapées.

MARBRES.

Nᵒ 101. Statue de Muse [1].

Nᵒ 102. Buste de Sabine, femme d'Hadrien [2].

Nᵒ 103. Buste d'un Romain [3].

---

1. Catalogue de Rouen, nᵒ 15. Les *Cataloghi Campana, serie VII*, p. 2, nᵒˢ 36-49, énumèrent quatorze statues de Muses. Celle-ci est reproduite par S. Reinach, *Répertoire de la statuaire antique*, III, p. 192, nᵉ 3, qui y voit une réplique de l'Herculanaise de Dresde. — C'est à tort que le *Répertoire*, p. 91, nᵒ 7, indique comme provenant de la collection Campana une statue acéphale d'Hygie, nᵒ 25 du Catalogue de Rouen.

2. Catalogue de Rouen, nᵒ 17. *Cataloghi, serie VII*, p. 5, nᵒ 191 : « Sabina, moglie di Adriano »; d'Escamps, *Galerie des marbres*, nᵒ 89. « Buste de Julie Sabine, femme d'Adrien, trouvé à la Villa Adriana ».

3. Catalogue de Rouen, nᵒ 16.

MAJOLIQUES.

N°ˢ 104 à 114.

Les trois marbres portaient dans la collection Campana les n°ˢ 16, 191 et 271.

Les indications que donne au sujet des majoliques le *Catalogue du musée d'antiquités de Rouen* (p. 168 à 171) permettent de retrouver neuf d'entre elles, sur onze, dans le *Catalogue des majoliques du Musée Napoléon III*, publié à la suite du *Catalogue des tableaux et des sculptures de la Renaissance* :

N° 85. Plat à reflets; au centre, un saint en prière.

N° 98. Petit plat de la fabrique d'Urbino, représentant la fable de Deucalion.

N° 131. Petit plat à reflets, représentant un fleuve couché, de la fabrique de Maestro Giorgio.

N° 240. Plat décoré d'un portrait de femme, peint par Maestro Giorgio ou par un artiste de son école (inscription : *Jerolima bella*).

N° 259. Plat d'apparat à reflets décoré d'un buste de guerrier.

N° 260. Plat d'apparat décoré d'un buste de jeune femme, avec l'inscription : *Tu se cho lei che mai robato e tolto.*

N° 375. Plat festonné représentant Samuel qui tue le roi des Amalécites; cette pièce est peut-être d'Orazio Fontana.

N° 404. Plat de la fabrique de Castel-Durante, représentant Apollon et Marsysas.

N° 459. Plat avec ornements à reflets; au fond on lit : *Manna B.*

Le musée d'antiquités de Rouen a reçu en 1875 dix objets qui ne sont pas mentionnés dans le catalogue publié cette année même; six d'entre eux, d'après l'état descriptif conservé aux Archives communales, avaient appartenu à la collection Campana :

1° *Madone*, bas-relief applique en terre cuite; h. 0,59 ; l. 0,40 (c'est peut-être le n° 19 du *Catalogue des sculptures de la Renaissance*).

2° *Hercule et Acheloüs*, groupe en plâtre, ronde bosse; h. 0,44 (c'est probablement un moulage d'après un antique de la collection Campana : *Catalogue, serie VII*, p. 3, n° 79 : « Ercole ed Anteo in lotta, gruppo inferiore al vero »).

3° Assiette avec fruits en ronde bosse ; *Diane*; 0,19 (c'est peut-être le n° 446 du *Catalogue des majoliques* : Plat-drageoir décoré d'ornements en vert et en bleu sur fond blanc; au fond on lit : *Diana Be*).

4° Bassin, faïence italienne ; *Diane et Actéon*; h. 0,11; diamètre 0,33 (n° 19 du *Catalogue des majoliques*).

5° Coupe plate, faïence italienne, *Curtius*, diamètre 0,28 (le n° 138 ou le n° 174 ou le n° 530 du *Catalogue des majoliques*).

6° Vase de pharmacie, faïence italienne ; peinture représentant *Saint Jean Baptiste*; h. 0,31 (l'un des vases décrits aux numéros 490-493 du *Catalogue des majoliques*).

Une lettre du conservateur du musée, datée du 29 mai 1875 et conservée aux Archives communales, déclare que l'un des dix objets annoncés à la ville n'a pas été expédié avec le reste de l'envoi; c'est la coupe plate, faïence italienne, avec le sujet de *Curtius*.

3° MUSÉE DU HAVRE. — Renseignements communiqués par M. Henri Prentout, professeur à la Faculté des Lettres de Caen, et par M. Alph. Lamotte, conservateur du musée.

La dernière édition du *Catalogue du musée du Havre* a été publiée en 1887 par Ch. Lhullier, alors conservateur du musée.

PEINTURES. — Envoi de 1863 : cinq tableaux, d'après Clément de Ris. On les retrouve sur le *Catalogue*. La lettre d'envoi est aux Archives communales.

P. 39 du catalogue, n° 5. Angiolo Allori, dit Bronzino. *Cosme de Médicis le Grand*. Toile. H. 0,54 ; l. 0,44. Inscription à droite de la toile : *Cosmus Med. Magnus Etruriae dux*. « Ce portrait faisait partie d'une collection florentine dite musée Campana » (*sic*). — Cornu : n° 481 ; Angelo Bronzino; *Portrait de Côme de Médicis*; toile ; h. 0,55 ; l. 0,43.

P. 42, n° 12. Genre des Gaddi. *Un évêque*, peinture à l'œuf. Bois H. 0,44 ; l. 0,31. — Cornu : n° 115; style des Gaddi ; *Un saint évêque* ; panneau ; h. 0,40; l. 0,27.

P. 45, n° 16. Ecole de Masaccio. *Vision céleste apparaissant à un saint en prière*. Panneau. H. 0,36; l. 0,75. — Cornu : n° 190; époque de Masaccio ; *Vision céleste apparaissant à un saint, accompagné d'autres figures* ; panneau ; h. 0,27; l. 0,70.

P. 50, n° 27. Époque du Pérugin. *Sainte Marguerite en prière*. Bois. H. 0,46 ; l. 0,37. — Cornu : n° 409; écoles de Pérugin ; même titre ; panneau ; h. 0,45 ; l. 0,47.

P. 53, n° 33. Inconnu, école ombrienne. *La Vierge et l'Enfant Jésus*. Toile. H. 0,12 ; l. 0,19 (ces indications du catalogue sont tout à fait inexactes; le tableau est sur bois, et non sur toile; il mesure 0,50 sur 0,40; le cartouche du cadre l'attribue à Bernardino Luini). — Cornu : n° 522; Andrea Salai dit Salaino ; *La Vierge avec l'Enfant Jésus*; panneau; h. 0,53 ; l. 0,40.

Envoi de 1872 (reçu en 1873). Une lettre du 3 octobre 1872, conservée aux Archives communales, annonce l'expédition du musée du Havre de douze tableaux provenant des réserves du Louvre. Trois d'entre eux avaient appartenu à la collection Campana :

P. 52 du catalogue, n° 31. École ombrienne. *La Vierge de Lorette*. Bois. H. 1,29; l. 1,20. — Reiset : n° 232; école ombrienne du XVIe siècle; même titre; bois; h. 0,83; l. 0,83. — Cornu : n° 419; le Spagna; *La Madone de Lorette*; panneau; h. 0,86; l. 0,85.

P. 53, n° 35. Inconnu de l'école italienne. *Un saint*. Bois. H. 0,49; l. 0,15.
— Reiset : n° 161 ; écoles d'Italie, seconde moitié du xv° siècle ; *Saint Bona-*
venture debout, en pied, les mains jointes ; bois ; h. 0,50 ; l. 0,15. — Cornu :
n° 194 ; manière de Masaccio ; *Saint Bonaventure* ; panneau ; h. 0,54 ; l. 0,20.

P. 53, n° 35 *bis*. Inconnu de l'école italienne. *Une sainte*. Bois. H. 0,49 ;
l. 0,15. — Reiset : n° 160 ; *Sainte religieuse de l'ordre de saint Dominique,*
debout, tenant la palme du martyre ; bois ; h. 0,50 ; l. 0,16. — Cornu : n° 197 ;
Une sainte religieuse martyre ; panneau ; h. 0,54 ; l. 0,20.

Envoi de 1876. Une lettre du 20 mars 1876, conservée aux Archives communales, annonce l'expédition au musée du Havre de deux tableaux provenant
des réserves du Louvre. L'un d'entre eux avait appartenu à la collection
Campana :

P. 52 du catalogue, n° 30. Inconnu de l'école italienne. *Enlèvement d'Hélène*.
Bois. H. 0,50 ; l. 1,28. — Reiset : n° 207 ; école d'Italie, fin du xv° siècle ;
L'Enlèvement d'Hélène ; bois ; h. 0,39 ; l. 1,10. — Cornu : n° 234 ; école de
Sandro Botticelli ; *L'Enlèvement d'une Vestale* ; panneau ; h. 0,40 ; l. 1,11.

CÉRAMIQUE. — Le musée du Havre a reçu en 1875 un petit lot de 17 objets
antiques, parmi lesquels, d'après la lettre d'envoi conservée aux Archives
communales, 10 avaient appartenu à la collection Campana.

Céramique.

2 œnochoés, terre noire, collection Campana.
2 olpés, terre noire, collection Campana.
3 canthares, terre noire, collection Campana.
1 cylix archaïque, terre noire, collection Campana.
1 prochoï vernissé, terre noire, collection Campana.
1 prochoï à orifice étroit, terre noire, collection Campana.

4° MUSÉE DE DIEPPE. — Ce musée est décrit dans l'*Inventaire*
général des richesses d'art de la France (voir ci-dessus, p. 39). Il
possède les peintures qui portent dans le *Catalogue* de Cornu les
n°ˢ 73 (n° 51 de Reiset), 184, 497, 526.

TABLEAUX RÉCAPITULATIFS.

PEINTURES. — Les musées de Normandie renferment 62
tableaux provenant de l'ancienne collection Campana, qui se
répartissent comme il suit, par musée et par date d'envoi :

MUSÉES		ENVOI DE 1863		ENVOI DE 1872-1873	ENVOI DE 1876
		Chiffres de Clément de Ris.	Chiffres de notre enquête.		
Manche	Saint Lô .	3	3	1	0
	Cherbourg	3	3	1	1
Calvados	Caen . .	6	6	3	1
	Bayeux .	3	3	2	1
	Lisieux. .	0	0	0	1
Orne :	Alençon .	3	3	1	0
Eure	Evreux .	3	3	0	0
	Bernay. .	3	3	1	1
Seine-Inférieure	Rouen . .	8	7	3	1
	Le Havre .	5	5	3	1
	Dieppe. .	3	3	1	0
Totaux :		40	39	16	7

Pour les envois de 1863 il n'y a désaccord entre Clément de Ris et notre propre enquête qu'au sujet d'une seule peinture, à Rouen.

Nous donnons d'autre part, à la page suivante, la liste générale des tableaux, avec renvois aux catalogues de Cornu et de Reiset.

Un paysage sur bois, envoyé à Bernay en 1863, n'a pu être retrouvé ni identifié.

Cinq tableaux (n⁰ˢ 107, 278, 291, 379, 599 de Cornu) portent des signatures.

Les musées de Lisieux et de Dieppe, dont les noms figurent en italiques sur ces deux listes, ont été décrits dans l'*Inventaire général des richesses d'art de la France*; les cinq peintures Campana qu'ils possèdent sont comprises parmi les 63 numéros (66 dans le *Catalogue* de Cornu) que nous avons retrouvés dans l'*Inventaire*. Notre enquête sur les musées de Normandie n'ajoute donc en réalité que 57 numéros nouveaux aux 63 déjà identifiés.

MAJOLIQUES. — Quatorze pièces au musée de Rouen : onze envoyées en 1863 (notamment les n⁰ˢ 85, 98, 131, 240, 259, 260, 375, 404, 459 du *Catalogue des majoliques*) et trois en 1875 (peut-être le n° 446 ; n° 19 ; l'un des n⁰ˢ 490-493).

SCULPTURE MODERNE. — Une pièce au musée de Rouen, en

NUMÉROS DE CORNU	NUMÉROS DE REISET	DATE D'ENVOI	MUSÉES
10	6	1872	Caen.
12	5	1872	Caen.
73	51	1872	*Dieppe.*
76	79	1872	Cherbourg.
84(?)	—	1863	Rouen.
86	—	1863	Saint-Lô.
87	—	1863	Evreux.
91	—	1863	Bernay.
102	31	1872	Rouen.
103	18	1872	Rouen.
104	—	1863	Bayeux.
105	57	1876	Bayeux.
107	—	1863	Evreux.
115	—	1863	Le Havre.
144	82	1876	Cherbourg.
156	91	1873	Saint-Lô.
184	—	1863	*Dieppe.*
190	—	1863	Le Havre.
193	203	1873	Bernay.
194	161	1872	Le Havre.
197	160	1872	Le Havre.
209	85	1872	Caen.
222	168	1876	Rouen.
233	—	1863	Rouen.
234	207	1876	Le Havre.
278	171	1875	Caen.
290	—	1863	Rouen.
291	—	1863	Rouen.
295	200	1872	Bayeux.
296	146	1872	Bayeux.
313	—	1863	Caen.
342	—	1863	Rouen.
361	—	1863	Cherbourg.
369	—	1863	Caen.
371	—	1863	Bayeux.
379	192	1876	*Lisieux.*
403	201	1872	Alençon.
404	—	1863	Alençon.
409	—	1863	Le Havre.
414	182	1872	Rouen.
418	—	1863	Alençon.
419	232	1872	Le Havre.
436	—	1863	Rouen.
478	—	1863	Rouen.
481	—	1863	Le Havre.
497	—	1863	*Dieppe.*
513	—	1863	Caen.
518	—	1863	Cherbourg.
519	—	1863	Caen.
521	—	1863	Bayeux.
522	—	1863	Le Havre.
526	—	1863	*Dieppe.*
568	—	1863	Caen.
588	—	1863	Bernay.
592	—	1863	Evreux.
594	—	1863	Cherbourg.
595	—	1863	Alençon.
597	254	1876	Bernay.
599	—	1863	Saint-Lô.
612	—	1863	Caen.
620	—	1863	Saint-Lô.

voyée en 1875 : *Madone*, bas-relief en terre cuite (peut-être le n° 19 du *Catalogue des sculptures*).

SCULPTURES ANTIQUES. — Trente-six pièces, dans les musées de Caen, Évreux et Rouen, toutes reçues en 1863 (auxquelles il faut joindre deux moulages en plâtre, l'un à Rouen, l'autre à Bernay).

1° Marbres (neuf pièces) :

Statue de Muse, Rouen (l'un des n°s 36-49 des *Cataloghi*).

Statue d'Amour tenant une torche, Caen (n° 21 des *Cataloghi*).

Deux statues d'enfants romains, Évreux (n°s 130 et 138 des *Cataloghi* ?).

Buste de Sabine femme d'Hadrien, Rouen (n° 204, des *Cataloghi*, n° 89 de d'Escamps).

Buste d'un Romain, Rouen.

Tête de Vénus, Caen.

Tête virile de basse époque, Caen.

Médaillon représentant un Romain, Évreux.

2° Terres cuites (vingt-huit pièces) :

Bas-relief : Méduse, génie ailé, dauphin ; Caen.

Id. : Mars et Vénus, Caen.

Id. : Thésée combattant Antiope, Évreux.

Id. : Prêtresse devant un candélabre, Rouen.

Id. : Faunes vendangeurs, Rouen.

Statuette de Vénus, Évreux.

Statuette féminine drapée, Caen.

Statuette féminine drapée, Évreux.

Deux *statuettes féminines drapées*, Rouen.

Grande tête de Faune ou de jeune homme, Caen.

Grande tête de jeune homme, Rouen.

Trois *petites têtes de femme*, ex-voto ; Caen [1].

Quatre *têtes de femme*, Évreux.

Trois *têtes de femme*, Rouen.

Pied, ex-voto ; Caen.

Urne cinéraire étrusque : scène de combat ; Caen.

Id. : Echetlus à Marathon ; Évreux.

Id. : même sujet ; Rouen.

Id. : même sujet, Bernay.

Id. : Étéocle et Polynice, Rouen.

1. Une quatrième tête, d'après la numérotation, devait faire partie du lot de Caen.

CÉRAMIQUE ET BRONZE. — Les musées de Caen, Alençon, Évreux, Bernay et Rouen ont reçu en 1863 des lots importants d'objets antiques Campana, dont les pièces, rangées méthodiquement, portaient une numération spéciale. L'envoi de Caen comprenait 83 vases, plats et lampes en terre cuite, auxquels s'ajoutaient les neuf terres cuites et les trois marbres énumérés plus haut; l'envoi d'Alençon, une cinquantaine de pièces; l'envoi d'Evreux, 64 vases plats et lampes (plus huit terres cuites et quatre marbres); l'envoi de Bernay, 64 vases et lampes (plus une urne cinéraire en terre cuite); l'envoi de Rouen, 90 vases, plats et lampes (plus dix terres cuites, trois marbres et onze majoliques modernes). Les notices descriptives qui accompagnaient les lots destinés à Evreux, à Bernay et à Rouen ont été conservées; celles de Caen et d'Alençon se sont perdues.

Les musées de Cherbourg, Avranches, Coutances, Vire, Argentan, Bernay, le Havre ont reçu en 1875 des lots beaucoup moins importants dont les pièces portent seulement d'anciennes étiquettes et qui proviennent en partie de la collection Campana : à Cherbourg, 9 vases Campana et 10 autres vases; à Avranches, 8 vases Campana, 16 autres vases, un miroir de bronze Campana; à Coutances, 28 vases et plats; à Vire, 7 vases Campana et un miroir; à Argentan, 8 vases Campana et 28 autres vases; à Bernay, 17 vases, plats ou lampes et un miroir; au Havre, 10 vases Campana et 7 autres vases ou plats.

En résumé, ces onze musées de Normandie renferment environ 400 vases, plats ou lampes en terre cuite et trois miroirs de bronze ayant appartenu à la collection Campana.

CONCLUSION.

Cette enquête sur vingt-quatre musées de France nous a permis de constater par le détail avec quelle absence complète d'ordre et de méthode, au moins pour les peintures, s'est faite la dispersion de l'ancienne collection Campana.

Il était tout naturel que le Louvre distribuât aux villes de province le superflu de ses séries monotones d'objets antiques. Des lots comme ceux que l'on envoya en 1863 à Caen, à Alençon, à Evreux, à Bernay et à Rouen étaient bien compris et pouvaient rendre des services, — à condition toutefois que les conservateurs des musées ne leur infligeassent point de leur chef, comme à Caen, quarante-deux ans de réclusion. Ils se composaient de spécimens nombreux et heureusement choisis des principales formes de vases et des principaux types de terres cuites ou même parfois de marbres dont regorgeait le musée Campana; ils étaient accompagnés d'une notice qui les expliquait; sans que leur absence pût faire tort au Louvre, ils instruiraient certainement tous ceux qui auraient en province la curiosité de les étudier. Les envois d'antiques de 1893-1895 ont eu le même caractère et présentent la même utilité. On ne saurait en dire autant de ceux de 1875; dix, vingt ou trente petits objets dépareillés, sans catalogue descriptif, ne peuvent avoir de valeur ni d'intérêt; on eût été mieux inspiré en enrichissant de ces pièces nouvelles les petites collections locales déjà formées en 1863 dans les villes les plus importantes.

Quant aux peintures, le hasard, le caprice de l'administration et la politique ont présidé seuls à leur répartition. En 1863 la Direction des Beaux-Arts a divisé les préfectures et sous-préfectures de France en deux groupes : celles qui méritaient d'obtenir des tableaux Campana et celles qui ne le méritaient pas; les premières, au nombre de soixante-sept, ont été rangées elles-mêmes, selon leur importance présumée, en diverses catégories. D'abord les villes dignes de recevoir huit tableaux, Lille et Rouen — et encore de ces huit, sept seulement sont parvenus jusqu'à Rouen: puis les villes à sept, six, cinq et quatre tableaux ; enfin la foule obscure des villes à trois tableaux. On ne s'est pas préoccupé de grouper dans la même ville ou la même région les créations des mêmes maîtres, des mêmes écoles ou des mêmes époques; tout au contraire; chaque lot comprenait des œuvres aussi différentes que possible : par exemple, à Saint-Lô, un primitif italien, une toile de l'école espagnole et un tableau attribué à l'école flamande. En 1872 et en 1876 les soixante-sept villes privilégiées de 1863 n'ont pas participé toutes aux faveurs nouvelles de l'administration ; en revanche, quelques villes jusqu'alors négligées, et non des plus notables, comme Lisieux et Carpentras, ont été admises enfin à l'honneur qu'on leur refusait sous le second Empire. En 1872 chaque musée reçut un, deux ou au maximum trois tableaux Campana ; en 1876, un seulement. L'émiettement était complet.

Serait-il possible d'y remédier? Assurément la reconstitution intégrale de la collection Campana et le retour à Paris de tous ses membres épars ne seraient désormais ni réalisables ni souhaitables. Le Louvre s'est dessaisi de cinq cents peintures et de plusieurs milliers d'objets antiques que la province ne serait pas disposée à lui rendre après tant d'années de paisible jouissance. Et la province n'aurait pas tort. Dans tous les domaines la centralisation à outrance est mauvaise. Il serait dangereux qu'il n'y eût en France qu'un seul grand musée, à la merci d'une seule catastrophe. D'ailleurs, il faut bien le reconnaître, la plupart des antiques Campana que renferment les musées départementaux, et aussi un assez grand nombre de peintures, n'ont qu'une valeur artistique très médiocre ; on peut les laisser sans inconvénient reposer dans les résidences lointaines que l'administration des Beaux-Arts leur a très arbitrairement assignées. Mais ne serait-il pas désirable que l'on tirât de leur exil les œuvres vraiment intéressantes, disséminées souvent une à une dans de petites villes où elles sont venues s'enfouir, inconnues et inutiles, et que l'on procédât, en province même, par une série d'échanges amiables, à la constitution d'ensembles régionaux, méthodiquement composés et par cela même instructifs et attrayants? Ces ensembles auraient leur place naturellement marquée dans un nombre minime de grandes villes où existe l'enseignement de l'art et de l'histoire de l'art et qui possèdent des Universités, des écoles des Beaux-Arts, des écoles d'archi-

tecture, des musées enfin déjà très riches par eux-mêmes. En
Normandie, Caen et Rouen seraient tout désignés pour les abriter.
Sur les soixante-deux tableaux Campana des musées normands,
il y a sans doute des non-valeurs ; mais on pourrait aisément
constituer avec le reste deux séries d'une vingtaine de numéros,
qui donneraient l'une et l'autre un aperçu assez exact du déve-
loppement des écoles italiennes. De même, pour les sculptures
et les poteries, on aurait tout bénéfice à réunir au lot de Cherbourg ceux d'Avranches et de Coutances, au lot de Caen celui de
Vire, au lot d'Alençon celui d'Argentan, au lot d'Évreux ceux de
Bernay [1], au lot de Rouen celui du Havre. L'État, qui a mis en dépôt
ces peintures et ces antiques dans les villes de province sans re-
noncer à son droit de propriété, pourrait user de son influence sur
les municipalités pour les décider, moyennant légitimes compen-
sations, aux abandons nécessaires. Si l'on adoptait cette manière
de voir, les fautes commises depuis 1863 seraient en partie répa-
rées. Nous prenons la liberté, en terminant, de présenter ces
désiderata à la commission extra-parlementaire instituée par
arrêté ministériel le 6 juillet 1905, pour « reconnaître l'état des
musées de province et rechercher les moyens de mettre leurs
collections en valeur [2] ».

1. Le musée d'Évreux renferme une très intéressante collection d'antiquités
recueillies à Évreux même et aux environs ; il serait indiqué que l'on y laissât
aussi, à titre de comparaison, une série d'antiquités Campana.

2. Le texte de cet arrêté, accompagné d'un rapport préliminaire de M. Du-
jardin-Beaumetz, sous-secrétaire d'État aux Beaux-Arts, a paru dans le *Journal
officiel* du 6 juillet 1905, p. 4126-4127. Consultez aussi dans le *Journal officiel,
Documents parlementaires, Chambre, session ordinaire* 1905, p. 299-302, le
projet de réorganisation des musées de province déposé par M. F. Engerand,
député du Calvados. M. G. Brière a publié dans la *Revue d'histoire moderne et
contemporaine* d'octobre 1905, p. 90-100, un article très important sur les questions essentielles que devrait examiner sans retard la commission des musées
départementaux.

Angers. — Imp. A. BURDIN et Cⁱᵉ, 4, rue Garnier.

TABLEAUX DE L'ANCIENNE COLLECTION CAMPANA
Musée de Caën

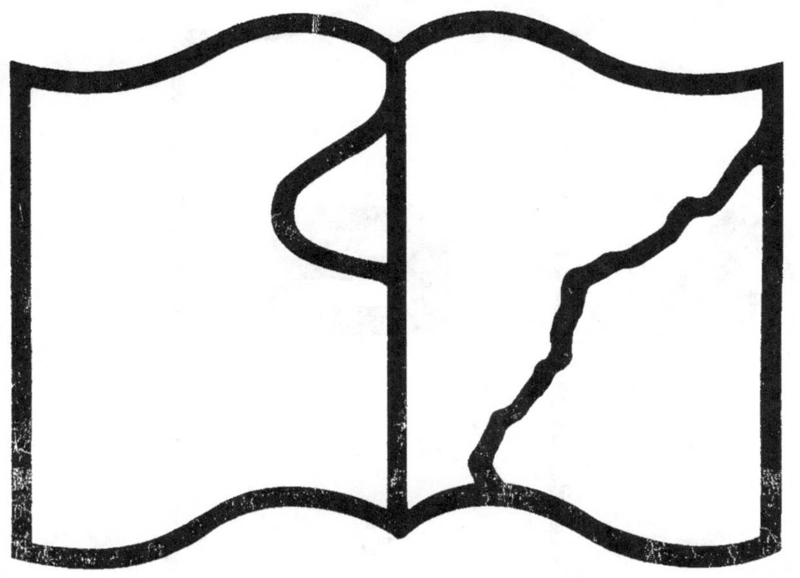

Texte détérioré — reliure défectueuse

NF Z 43-120-11

Contraste insuffisant

NF Z 43-120-14

9 782013 254472